DER KLIMA-APPELL DES DALAI LAMA AN DIE WELT

INHALT

EINLEITUNG
von Franz Alt

DAS LEBEN IST HEILIG

Am 31. Mai 2019 schrieb der Dalai Lama an die sechzehnjährige schwedische Klima-Aktivistin Greta Thunberg: »Ich bin auch ein glühender Verfechter des Umweltschutzes. Wir Menschen sind die einzige Spezies, die die Macht hat, die Erde, wie wir sie kennen, zu zerstören. Doch wenn wir die Fähigkeit haben, die Erde zu zerstören, so haben wir auch die Fähigkeit, sie zu schützen. Es ist ermutigend zu sehen, wie du die Augen der Welt geöffnet hast für die Dringlichkeit, unseren Planeten zu schützen, unser einziges Zuhause. Gleichzeitig hast du so viele junge Brüder und Schwestern angeregt, sich dieser Bewegung anzuschließen.«

Inzwischen wurde Greta Thunberg vom Papst empfangen und vom ehemaligen amerikanischen Präsidenten Barack Obama, sie sprach vor der UNO, vor dem französischen Parlament, auf zwei Weltklimagipfeln sowie beim Weltwirtschaftsforum in Davos. Sie erhielt den Alternativen Nobelpreis, wurde vom US-Senat eingeladen und von Amnesty International als »Botschafterin des Gewissens« ausgezeichnet. Doch hat sich wirklich etwas geändert, seit sie für den Schutz des Klimas kämpft? Wo sind die Erwachsenen, wenn die jungen Leute Freitag für Freitag auf die Straße gehen?

Barack Obama sagte zu der ruhigen und ernsthaften jungen Frau: »Du und ich, wir sind ein Team.« Ihre schlichte Antwort: »Ja.« Greta Thunbergs Motto scheint zu sein: Immer mit der Ruhe. Vor der UNO jedoch schleuderte die junge Schwedin unter Tränen und mit zitternder Stimme den Mächtigen der Welt ihre Wut entgegen: »Ihr habt mir meine Kindheit geraubt. Alles, was ihr hier macht, ist falsch. Menschen leiden, Menschen sterben, ganze Ökosysteme kollabieren.« Mit geballter Faust fuhr sie fort: »Wir stehen am Anfang eines Massenaussterbens, und alles, worüber ihr redet, ist Geld und das Märchen vom ewigen Wachstum. Wie könnt ihr es wagen, eure Verantwortung an die junge Generation zu delegieren? Wie könnt ihr es wagen, hierherzukommen und zu sagen, ihr tut genug, obwohl ihr nicht genug tut, um das 1,5-Grad-Ziel zu erreichen!«

Die bisherige Empörung der Erwachsenen über die Zerstörung unseres Planeten ist noch viel zu leise. Denn die Klimaerhitzung ist eine in der Menschheitsgeschichte nie da gewesene globale Katastrophe. Und das nur, weil wir Wachstum um des Wachstums willen betreiben.

Also wachsen wir uns arm. Der gesellschaftliche Wohlstand nimmt ab, obwohl das ökonomische Wachstum immer mehr zunimmt. Wir haben vergessen zu fragen: Wachstum wozu und Wachstum für wen? Was die ökologischen Folgen des Wachstums anbelangt, sind und waren wir blind. Es rollt ein Tsunami auf uns zu. Aber viele verschließen noch immer die Augen, halten sich die Ohren zu und geben sich gegenüber der Gefahr sprachlos wie die drei berühmten japanischen Affen.

Greta Thunberg und ihre Anhänger rütteln uns wach aus dem Klima-Koma. Vielleicht gerade noch rechtzeitig. Nach ihrer Rede vor der UNO fragt der *Spiegel*: »Kann es sein, dass sie in einer verrückten Welt die einzige Vernünftige ist?«, und kommentiert wie folgt: »Vielleicht wird sie eines Tages als eine Schlüsselrede des frühen 21. Jahrhunderts gelten.«

WIE KANN DER DALAI LAMA HELFEN?

Über sechzig Städte in Deutschland haben schon den Klimanotstand ausgerufen. In Dritte-Welt-Ländern haben allein im ersten Halbjahr 2019 Millionen Menschen durch die Folgen der Klimaerhitzung ihr Hab und Gut verloren. Vor allem bei den Ärmsten ist die Klimaerhitzung bereits angekommen, sie müssen um ihr Überleben kämpfen. Wie kann in dieser Situation ein Religionsführer und spiritueller Lehrer helfen?

In den letzten 38 Jahren konnte ich den Dalai Lama vierzig Mal treffen und fünfzehn Fernsehinterviews zu den Themen Frieden, Menschenrechte, Umwelt- und Klimaschutz mit ihm führen. Dieses Buch appelliert an die Welt, die jungen Klima-Aktivisten von Fridays for Future dabei zu unterstützen, eine aktivere Rolle bei der Bewahrung dieses Planeten einzunehmen, aber auch an die Mächtigen dieser Welt, das dringliche Problem der durch Klimawandel verursachten Erderhitzung endlich tatkräftig anzugehen. Nicht nur Greta, auch andere kluge und mutige Frauen wie die kenianische Wissenschaftlerin und Friedensnobelpreisträgerin Wangari Maathai oder die indische Agrarexpertin und Trägerin des Alternativen Nobelpreises Vandana Shiva motivieren uns zur großen Öko-Transformation und zur Entwicklung einer nachhaltigen ökologischen Marktwirtschaft nach dem Motto »ökosozial statt marktradikal«. Der Dalai Lama wiederum betont in unserem Gespräch eher den spirituellen Hintergrund der aktuellen Probleme: Wir müssen ethisch überprüfen, was wir geerbt haben, wofür wir verantwortlich sind und was wir künftigen Generationen hinterlassen werden.

Selten hatte ich in meinen fünfzig Jahren als Journalist einen so empathischen, sympathischen und humorvollen Gesprächspartner. Keiner hat mehr gelacht als er. Nicht zufällig gilt er bei Umfragen als der glücklichste Mensch der Welt. Dem Religionsführer wurde in den letzten Jahren eine religionsübergreifende Ethik immer wichtiger. Und heute sagt er etwas sogar für einen Religionsführer Einmaliges: »Ethik ist wichtiger als Religion. Wir kommen nicht als Mitglied einer bestimmten Religion auf die Welt. Aber Ethik ist uns allen angeboren.« Immer häufiger spricht er bei seinen weltweiten Vorträgen über eine »säkulare Ethik jenseits aller Religionen«. Albert Schweitzer nannte dieses Anliegen »Ehrfurcht vor allem Leben«. In diesem Buch spricht der Dalai Lama von einer überlebensnotwendigen ökologischen Ethik sowie von einer neuen Öko-Spiritualität.

Diese säkulare Ethik sprengt nationale, religiöse und kulturelle Grenzen und skizziert Werte, die allen Menschen angeboren und allgemein verbindlich sind. Das sind nicht äußere materielle Werte, sondern innere Werte wie Achtsamkeit, Mitgefühl, Geistesschulung sowie das Streben nach Glück. »Es gibt keine Gerechtigkeit ohne Mitgefühl und Barmherzigkeit. Wenn wir selbst glücklich sein wollen, sollten wir Mitgefühl üben, und wenn wir wollen, dass andere glücklich sind, sollten wir ebenfalls Mitgefühl üben. Wir alle sehen lieber lächelnde als finstere Gesichter«, sagt der Dalai Lama.

Eine der zentralen Überzeugungen des Dalai Lama: In unserem Streben nach Glück und unserem Wunsch, Leid zu vermeiden, sind sich alle Menschen gleich. Alle wünschen sich ein glückliches und erfülltes Leben. Daraus resultieren die größten Errungenschaften der Menschheit. Denken und handeln sollten wir deshalb auf der Grundlage tiefer menschlicher Werte, die die Menschheit als Einheit begreifen, mit dem Ziel, eine Gesellschaft mit mehr Mitgefühl aufzubauen. In unseren Gesprächen wird die Menschenwürde immer wieder als der höchste Individualwert gekennzeichnet und das Gemeinwohl als der höchste Kollektivwert. Denn: Das Leben ist heilig.

ES GEHT UM DAS ÜBERLEBEN DER MENSCHHEIT

In einer Zeit der Klimaerhitzung, des Artensterbens, der brennenden Wälder und des zunehmenden Wassernotstands auf unserem Planeten sind die Werte internationaler Kooperation und »universeller Verantwortung«, die der Dalai Lama immer dringlicher einfordert, besonders wichtig. Er plädiert in diesem Buch wie nie zuvor dafür, dass die Politiker nach über zwanzig internationalen Klimakonferenzen nun endlich handeln. Denn nicht weniger ist gefährdet als das Überleben auf unserem Planeten und die Heiligkeit des Lebens. Schon heute gibt es Regionen auf unserem Planeten, die nur noch entfernt an unsere Erde erinnern.

Der Dalai Lama denkt darüber nach, seine Heimat Tibet – in Übereinstimmung mit der uralten tibetisch-buddhistischen Tradition – in das größte Naturschutzgebiet der Welt zu verwandeln: »Tibet muss und kann ein Heiligtum des Friedens und der Natur werden.«

Die Technik allein wird uns nicht retten. Nur wenn wir Ethik und Technik in einer neuen Verantwortungsethik zusammenführen, können wir – vielleicht! – noch das Schlimmste verhindern. Gestern war unser blauer Planet an sehr vielen Orten noch ein natürliches Paradies. Heute ist er schon an vielen Stellen verdorrt, und morgen wird er in vielen Regionen unbewohnbar sein, wenn wir einfach so weitermachen. Aber es gibt immer Alternativen. Alle Probleme, die Menschen geschaffen haben, sind auch von Menschen lösbar.

DIE MENSCHHEIT VERLIERT
DIE KONTROLLE

Wie geht es unserem Planeten im Jahr 2020? Überall stehen die Regenwälder in Flammen, auf allen Kontinenten breiten sich Wüsten aus, und die Eisberge schmelzen. Die Klimaerhitzung führt zu Millionen Klimaflüchtlingen. Sind wir noch zu retten?

Herbst 2018: Es war die weltweit teuerste Katastrophe des Jahres und das schlimmste Feuer in der Geschichte der USA. Ausgerechnet die Stadt Paradise in Kalifornien ist abgebrannt. Fünfundachtzig Menschen verloren ihr Leben, mehr als achtzehntausend Häuser und Gebäude auf zweiundsechzigtausend Hektar Land wurden zerstört. Welch ein Menetekel: Das »Paradies« wurde zur Hölle auf Erden. Dreihundert Menschen mussten evakuiert werden. Der Schaden betrug circa vierzehn Milliarden Dollar.

2019 erlebt Australien nach bereits vier Jahre andauernder Trockenheit die schlimmste Dürre seiner Geschichte. Die ersten Dörfer in New South Wales müssen von außen mit Trinkwasser versorgt werden. Entsalzungsanlagen für Meerwasser versorgen bereits ein Viertel von Sydney. Indien stöhnt zur selben Zeit bei über fünfzig Grad Hitze, aber auch in Europa sterben Tausende ältere Menschen durch eine

Hitzewelle, schon die zweite nach dem Sommer 2018. Im August 2019 brennt in Brasilien doppelt so viel Waldfläche wie im Jahr zuvor, die Abholzungsrate ist 222 Prozent höher als im Vorjahresmonat. Brasiliens Präsident Bolsonaro bezeichnet katholische Bischöfe und Priester, die sich gegen die Brandstifter wehren, als »verrotteten Teil der katholischen Kirche«.

Wir erleben verheerende Feuer, ertrinkende Klimaflüchtlinge und sterbende Meere. Wir erleben Klimakonflikte, verpeste Luft, Auto-Fahrverbote, Wirtschaftskollapse, Wasserkatastrophen und Seuchen. Weltweit sterben die Korallenbänke schneller als vorhergesagt. Das Artensterben findet in einem atemberaubenden Tempo statt. Zurzeit verlieren wir jeden Tag hundertfünfzig Tier- und Pflanzenarten, sagt der renommierte US-Biologe Edward O. Wilson. Bei den verheerenden Waldbränden in Australien Ende 2019 / Anfang 2020 starben Millionen von Tieren. Das langsame Voranschreiten des Klimawandels ist ein Märchen von gestern. Die Klimaerhitzung ist weit schlimmer, als wir es uns eingestehen wollen. Kein Ort der Welt wird unberührt davon bleiben und kein Leben unverändert.

Als ich 1938 geboren wurde, schien das Klimasystem noch intakt. Heute ist es außer Rand und Band. Verursacht von uns Menschen, die sich benehmen wie Pyromanen. In unserer kurzen Lebenszeit haben wir den Planeten an den Rand des Abgrunds gebracht.

Die Natur pfeift aus dem letzten Loch, aber in Deutschland melden die Autobauer Rekordabsätze von großen SUVs. Die Deutschen lieben beides: die Natur, den Wald *und* das Auto – ein sehr ambivalentes Verhältnis. Nicht nur Deutschland, die halbe Welt steckt inzwischen in der Autofalle.

Seit 1945 wurden weltweit 120 Millionen Menschen durch Autos getötet. Und dazu soll es keine Alternative geben? Ich besitze seit zehn Jahren kein Auto mehr. Für 98 Prozent meiner Wege benutze ich öffentliche Verkehrsmittel, in denen ich zudem um ein Vielfaches sicherer bin als im Auto. Außerdem finde ich im Zug Zeit, um zu schreiben. Das Klima schone ich obendrein. Das Auto der Jetztzeit verbraucht unwiederbringliche Ressourcen und kostet horrende Summen, steht aber über neunzig Prozent der Zeit und rostet vor sich hin. Das ist das Gegenteil von intelligenter Mobilität. Ohne Verkehrswende keine Energiewende. Ich kann mir gut vorstellen, dass wir Autos künftig teilen und elektrisch fahren.

»Die Menschheit verliert die Kontrolle über den Zustand der Erde«, warnt Stefan Rahmstorf, der Klimaforscher und Berater von Bundeskanzlerin Angela Merkel. Die Wissenschaftler haben sich in den letzten Jahrzehnten nur mit einer Vorhersage geirrt: Die Klimakatastrophe kommt noch schneller als vorhergesagt. Um noch mal Professor Stefan Rahmstorf zu zitieren: »Während die Klimaforscher die globale Erwärmung seit einem halben Jahrhundert zwar grundsätzlich richtig vorhergesagt haben, lagen sie bei Tempo und Ausmaß einiger Entwicklungen falsch. Allerdings haben sie diese nicht über-, sondern unterschätzt.«

Gletscherforscher konstatieren, dass das Eis heute dreimal so schnell schmilzt, wie sie es noch vor zehn Jahren befürchtet hatten. Das heißt: Der Meeresspiegel steigt in diesem Jahrhundert nicht nur um einige Zentimeter wie vorhergesagt, sondern um einige Meter. Und das heißt: Nicht nur halb Bangladesch wird unbewohnbar, betroffen sind auch New York und Shanghai, Hamburg und Bremen, Mumbay und Kalkutta, Alexandria und Rio de Janeiro. Jeder vierte Afrikaner lebt an der Küste und wird den Boden unter seinen Füßen verlieren, wenn wir die Klimaerhitzung nicht stoppen. Der jüngste Bericht des Weltklimarats prognostiziert: Die bisherigen Flutschäden werden bis zum Ende unseres Jahrhunderts um das Hundert- bis Tausendfache steigen. Sollte das gesamte Grönlandeis abschmelzen, rechnen die Gletscherforscher mit einem Anstieg des Meeresspiegels um bis zu sieben Meter. Der Anstieg des Meeresspiegels ist das Damoklesschwert der Klimaerhitzung.

Das Ziel des Pariser Klimagipfels, die globale Erwärmung bei 1,5 Grad zu stoppen, wird krachend verfehlt, wenn wir so weitermachen. Zurzeit bewegen wir uns global eher in Richtung fünf Grad Erwärmung, an Land sind es sogar acht bis neun Grad. Und das bedeutet: Europa wird klimatisch nicht Südeuropa, sondern Afrika. Und Afrika wird unbewohnbar.

Noch immer gibt es Politiker und Journalisten, die diese Fakten der Klimaforschung als »Alarmismus« abtun oder verdrängen. Das wird jedoch die Klimaerhitzung nicht interessieren. Fakt ist: Wir führen einen Krieg gegen die Natur und damit gegen uns selbst. Denn wir sind ein Teil der Natur.

Selbst die bisher weniger sicheren Vorhersagen zum Verlust der Regenwälder oder dem Auftauen der Permafrostböden wirken sich immer unheilvoller aus. Die Klima-Kipppunkte des Erdsystems werden immer wahrscheinlicher. Danach hätten wir keine Chance mehr, auf diesem Planeten zu überleben. Stephen Hawking hätte recht mit seiner Prognose: In hundert Jahren wird es auf diesem Planeten keine Menschen mehr geben.

Die Klima-Kipppunkte erläutert Professor Rahmstorf in einem einfachen, aber gleichermaßen eindringlichen Bild wie folgt: »Stellen

Sie sich vor, Sie schieben eine volle Kaffeetasse über den Schreibtischrand. Auf den ersten Zentimetern passiert wenig, die Tasse verändert nur ihre Position. Doch irgendwann erreicht sie einen kritischen Punkt, an dem sie kippt, abstürzt und ihren Inhalt auf den Teppich ergießt.« Für den Kaffee gibt es dabei kein Zurück.

Die Weltbank prognostiziert, dass bis zum Jahr 2030 etwa 100 bis 140 Millionen Klimaflüchtlinge auf unserem Planeten umherirren werden – auf der Suche nach der nächsten Wasserstelle. Bis 2050 werden es nach UNO-Schätzungen über 400 Millionen Klima-Flüchtlinge sein, wenn wir die Klimaerhitzung nicht stoppen. Damit wird die Klimakrise zu einer Demokratiekrise und zu einer Gesellschaftskrise, ja sogar zu einer Kriegsgefahr.

Letztlich wird es darum gehen: Kriege um Öl oder Frieden durch die Sonne? Was müssen wir tun, um die Klimakrise noch zu meistern? Viel Zeit bleibt uns nicht. Wir haben zwar unendlich viel Sonnenenergie und Windkraft, aber nicht unendlich viel Zeit. Unser größtes Problem ist nicht die übergroße Anzahl an Menschen, sondern unser Mangel an Menschlichkeit.

MILLIONEN GEHEN MIT GRETA
AUF DIE STRASSE

Was für eine verrückte Welt, in der wir leben! Ein sechzehnjähriges Mädchen hält uns den Klima-Spiegel vor. Und was sehen wir: Uns selbst! Der Dalai Lama sagt: »Wer an Wiedergeburt glaubt, engagiert sich für das Klima und die Umwelt. Denn wir kommen ja wieder auf diesen Planeten und wollen schon deshalb ein gutes Klima und eine gesunde Erde.« Greta treibt mit ihrer schlichten, aber entschiedenen Sprache (»Unser Haus brennt« – »Ich will, dass ihr in Panik geratet«) Millionen von Jugendlichen auf die Straße, am 20. September 2019 inspiriert sie zum ersten weltweiten Klimastreik mit über vier Millionen Demonstranten. Greta ist wie das Kind in Hans Christian Andersens Märchen »Des Kaisers neue Kleider«, das den Erwachsenen zuruft: »Er ist ja nackt!« Der Ruf der Sechzehnjährigen heißt aktuell: »Ohne gutes Klima kein Leben.« Die Welt reibt sich die Augen und beginnt aufzuwachen.

Schon eine Woche später gingen in Neuseeland und Wien, in Stockholm und New Delhi wieder Millionen überwiegend junge Menschen auf die Straße, um – im Geiste Gretas – für besseren Klimaschutz zu demonstrieren. Allein in Italien waren es über eine Million.

In Neapel stand auf Plakaten: »Wir wollen eine heiße Pizza, aber keinen heißen Planeten«. Und in Wien: »Ich will ein heißes Date, aber keinen heißen Planeten«. In Deutschland hat der Greta-Effekt nach diesen Massendemonstrationen auch parteipolitische Auswirkungen: Bei Umfragen liegen die Grünen mit 27 Prozent erstmals gleichauf mit der CDU/CSU. Die Kohlepartei SPD kommt noch auf dreizehn Prozent.

WIE KÖNNTE DIE RETTUNG AUSSEHEN?

Erstens: Bis spätestens 2035 ist unser Energieverbrauch zu 100 Prozent erneuerbar. Das ist kein Problem, denn die Sonne schickt uns 15 000-mal mehr Energie, als zurzeit von der Weltbevölkerung verbraucht wird. Das macht sie umweltfreundlich, für alle Zeit, zudem noch kostenlos. Wir müssen uns endlich öffnen für die Energie von ganz, ganz oben, für die Energie vom Chef selbst. Ohne Sonne kein Leben. Hinzu kommen Windenergie, Wasserkraft, Bioenergie und Erdwärme. Welch ein unglaublicher ökonomischer Vorteil, was die künftige ökologische Energieversorgung anbelangt. Diese Erkenntnis ist so schlicht und unwiderlegbar, dass sie von Greta Thunberg stammen könnte. Warum aber stehen heute in Deutschland noch beinahe 90 Prozent der Dächer ohne Solaranlagen herum? Vor dreißig Jahren waren die erneuerbaren Energien noch eine Vision von wenigen, heute sind sie bereits Realität für viele und 2035 werden sie eine Notwendigkeit für alle sein.

Zweitens: Rascher Ausstieg aus der Kohle und eine CO_2-Bepreisung. Das geht auch vor 2038, meint neben Greta auch der bayerische Ministerpräsident Markus Söder. Beim Umstieg auf erneuerbare Energien entstehen weit mehr Arbeitsplätze, als beim Kohleausstieg verloren gehen.

Drittens: Rascher Einstieg in die E-Mobilität und eine Verdoppelung des öffentlichen Verkehrs. China, Norwegen, Kalifornien und die Niederlande zeigen, dass es geht und wie es geht.

Viertens: Umstieg auf Ökolandwirtschaft. Immer mehr Städte und Gemeinden erklären sich Pestizid- und Glyphosatfrei. Worum es letztlich geht, ist elementar: um fruchtbare Böden, um trinkbares Wasser, um saubere Luft, um ein erträgliches Klima und um Wälder, die unseren gestressten Seelen guttun und das viel zu viele CO_2 speichern. Unser Einkaufszettel ist letztlich auch ein Stimmzettel.

Fünftens: Weltweite Aufforstung und Begrünung der Wüsten. Vor Kurzem hat eine Studie der ETH Zürich aufgezeigt, dass durch

Aufforstung in den USA, in Russland, China, Brasilien und Kanada mehr als zwei Drittel der menschengemachten CO_2-Belastung ausgeglichen werden können. Worauf warten wir? Die Kinder- und Jugendorganisation »Plant for the Planet«, die einst durch den achtjährigen Felix Finkbeiner von Starnberg aus ihren Anfang nahm, hat gezeigt, dass und wie es geht. Sie hat in den letzten fünfzehn Jahren weltweit über dreizehn Milliarden Bäume gepflanzt. Kinder und Jugendliche spielen generell eine immer größere und wichtigere Rolle, wenn es um eine gute Zukunft geht. Wir Erwachsenen müssen endlich lernen, die berechtigten Ängste unserer Kinder und Enkel ernst zu nehmen.

MEHR ZUKUNFT WAGEN

Noch können Parteien und Politiker für dieses Überlebensprogramm bei ihren Wählerinnen und Wählern werben. Nach dem Motto: Die Klimakatastrophe gefährdet unseren Wohlstand und unser Leben. Intelligente Klimapolitik sichert und erhält unseren Wohlstand und garantiert die Zukunft unserer Kinder und Enkel. Wir müssen mehr Zukunft wagen. Schon immer hat der Mut der Menschen die großen Entscheidungen herbeigeführt. Das war so bei der Französischen Revolution 1789, bei der Emanzipationsbewegung zu Beginn des 20. Jahrhunderts und bei der Friedlichen Revolution 1989 in Deutschland. Oft sind es am Beginn nur wenige, die viel wagen. Greta war am Anfang ganz allein.

Noch haben wir die Wahl. Doch die Zeit wird knapp. Die Energiewende kostet, das ist wahr. Aber keine Energiewende kostet unsere Zukunft als Menschheit, sagt Wolfgang Schäuble. Es geht weder um Opfer noch um Verzicht, es geht vielmehr um Lust auf Zukunft auf unserem (noch) wunderschönen Planeten Erde.

Der Dalai Lama zeigt in diesem Buch, dass und wie wir andere Formen des Wirtschaftens entwickeln können. Eine buddhistische Gemeinwohlwirtschaft kann mit den Prinzipien Achtsamkeit, Gewaltfreiheit, Mitgefühl und Genügsamkeit dabei sehr hilfreich sein – sowohl für unser privates wie auch für unser politisches und wirtschaftliches Handeln. Will dieses Buch Alarmismus erzeugen? Keineswegs! Es ist vielmehr eine Liebeserklärung an die Zukunft.

Franz Alt, Baden-Baden im Frühjahr 2020

SCHÜTZT UNSERE UMWELT DER KLIMA-APPELL DES DALAI LAMA AN DIE WELT

BUDDHA WÄRE EIN GRÜNER

Als Buddha geboren wurde, hielt sich seine Mutter an einem Baum fest. Er erlangte Erleuchtung, während er unter einem Baum saß, und als er starb, waren die Bäume über ihm Zeuge. Würde Buddha in unsere Welt zurückkehren, würde er sich deshalb gewiss einer politischen Bewegung anschließen, die für den Schutz der Umwelt eintritt.

Was mich anbelangt, zögere ich nicht, Umweltinitiativen zu unterstützen, weil das Umweltproblem eine Frage unseres Überlebens ist. Dieser schöne blaue Planet ist unser einziges Zuhause. Er bietet Lebensraum für eine einmalige und vielfältige Gemeinschaft. Den Planeten pfleglich zu behandeln heißt auch, unser eigenes Zuhause zu pflegen.

Wir können nicht länger die Ressourcen dieser Erde ausbeuten – Bäume, Wasser, Mineralien –, ohne uns um künftige Generationen zu kümmern. Es versteht sich von selbst, dass wir nicht überleben können, wenn wir weiterhin gegen die Natur arbeiten. Wir müssen lernen, in Einklang mit der Natur zu leben.

Wenn wir die Umweltschädigung mit Krieg und Gewalt vergleichen, können wir sehen, dass die Gewalt uns unmittelbar betrifft. Das große Problem ist, dass Umweltschäden unauffälliger auftreten und wir sie oft erst sehen, wenn es zu spät ist. Bei der Erderwärmung haben wir einen Wendepunkt erreicht.

BILDUNG ZUM UMWELTSCHUTZ

Der Bildung in Sachen Umwelt muss höchste Priorität eingeräumt werden. Denn wir alle sind Zeugen der Zerstörung unseres Ökosystems und einer dramatischen Abnahme der biologischen Vielfalt geworden. Bewusstsein zu schaffen genügt nicht, wir müssen einen Weg finden, wie wir den Wandel überzeugend einleiten. Ich rufe der jungen Generation zu: Seid Rebellen für Klimaschutz und für Klimagerechtigkeit, weil es eure Zukunft ist.

Eine der positivsten Entwicklungen dieser Tage ist unser steigendes Bewusstsein für die

Bedeutung der Natur. Ich wurde angeregt durch die sechzehnjährige Umweltaktivistin Greta Thunberg, die darauf beharrt, die Warnungen der Klimaforscher ernst zu nehmen und selbst aktiv zu werden; Hunderttausende junge Leute forderte sie dazu auf, gegen die Untätigkeit der Regierungen beim Klimawandel zu protestieren. Die junge Schwedin sagt zu Recht: »Ich habe gelernt, dass niemand zu klein ist, etwas zu bewegen.« Ich unterstütze von ganzem Herzen »Fridays for Future«, die von ihr initiierte Bewegung. Die Entschlossenheit junger Leute, positiven Wandel zu bewirken, ermutigt mich. Und ich bin voller Zuversicht, weil ihre Bemühungen auf Wahrheit und Vernunft beruhen – deshalb werden sie Erfolg haben.

Immer mehr Menschen verstehen, dass es heute um das Überleben der Menschheit geht. Das heißt: Es reicht nicht, nur zu meditieren oder zu beten – wir müssen aus unserem Gewissen heraus aktiv werden.

UNIVERSELLE VERANTWORTUNG

Die sieben Milliarden Menschen müssen lernen zusammenzuleben. Die Zeiten sind vorbei, da man nur an »mein Land«, »mein Volk«, »wir und die da« dachte. Wir alle müssen lernen, für das Wohlergehen der gesamten Menschheit zu arbeiten.

Wir sind soziale Wesen und gehören durch Geburt der Gesellschaft an. Wir müssen erkennen: Meine Zukunft ist abhängig von der Zukunft anderer und umgekehrt. Unsere Welt beruht zutiefst auf gegenseitiger Abhängigkeit, sowohl, was die Wirtschaft betrifft, als auch Probleme wie den Klimawandel, der uns alle herausfordert.

Ein lokales Problem hat auch globale Bedeutung, von dem Moment an, wo es auftritt. Der Klimawandel ist ein Problem, das die gesamte Menschheit betrifft.

Die Inselstaaten – Fidschi, die Marshallinseln, die Malediven, die Bahamas – haben gezeigt, dass gemeinsames Handeln etwas bewirken kann. Das von 196 Ländern unterzeichnete Pariser Abkommen von 2015 ist ein Quell der Hoffnung und Ermutigung.

Wenn wir geleitet werden durch ein echtes Gefühl für universelle Verantwortung, wird unser Verhältnis mit der Umwelt sehr ausgeglichen werden, wie auch die Beziehungen zu unseren Nachbarn. Im Angesicht des Klimawandels die Menschheit als Einheit zu begreifen, ist der wahre Schlüssel zu unserem Überleben.

DIE REVOLUTION DES MITGEFÜHLS

Ich bin jetzt vierundachtzig Jahre alt und habe viele Umbrüche des zwanzigsten Jahrhunderts erlebt – die Zerstörungen und Schrecken des Krieges, aber auch noch nie da gewesene Umweltschäden. Die jüngere Generation, die diese Erde erben wird, hat die Fähigkeit und die Möglichkeit, zu handeln und eine mitfühlendere Welt zu schaffen. Ich fordere sie auf, das einundzwanzigste Jahrhundert zu einem Jahrhundert des Dialogs und des Mitgefühls zu machen, für alle Bewohner dieses Planeten.

Die Zerstörung unserer natürlichen Ressourcen entsteht durch Ignoranz und Gier und fehlende Achtung vor dem Leben auf der Erde. Es ist unsere gemeinsame Pflicht, die Umwelt vor dem Klimawandel zu retten. Wir müssen einen Ausweg aus der heutigen Sackgasse finden durch ein Gleichgewicht zwischen Freiheit und Verantwortung.

Wir brauchen eine Revolution des Mitgefühls, die auf Warmherzigkeit beruht, einem Verständnis für die Zusammengehörigkeit der Menschheit, auf Sorge um das Wohlergehen der anderen und Respekt vor deren Rechten. Die gesamte Menschheitsfamilie muss sich vereinen in einer nachhaltigen, ganzheitlichen und ökologischen Gemeinschaft, die zusammenarbeitet und unser gemeinsames Haus pflegt. Ich wünsche mir und bete dafür, dass wir größere Sorgfalt gegenüber der Erde walten lassen, und das in gemeinsamer Arbeit.

Dalai Lama, Dharamsala, Indien, 10. Dezember 2019, Internationaler Tag der Menschenrechte

INTERVIEW MIT SEINER HEILIGKEIT DEM DALAI LAMA

GLÜCKLICH ZU SEIN IST DER SINN DES LEBENS

Franz Alt: Heiligkeit, lieber Freund. Vor fünfzehn Jahren haben Sie mir in einem Interview gesagt: »Das einundzwanzigste Jahrhundert könnte das glücklichste und friedlichste Jahrhundert in der Geschichte der Menschheit werden. Das hoffe ich für die Jugend.« Haben Sie diese Hoffnung auch heute noch?

Dalai Lama: Ich bin voll der Hoffnung, dass das einundzwanzigste Jahrhundert das wichtigste Jahrhundert der Menschheitsgeschichte werden könnte. Das zwanzigste Jahrhundert erlebte riesige Zerstörungen, menschliches Leid und noch nie da gewesene Umweltschäden. Wir stehen deshalb vor der Herausforderung, das einundzwanzigste Jahrhundert zu einem Jahrhundert des Dialogs und der Förderung des Bewusstseins für die Einheit der Menschheit zu machen. Als buddhistischer Mönch rufe ich alle Menschen zu Mitgefühl auf, der Quelle des Glücks. Unser Überleben hängt von der Hoffnung ab. Hoffnung bedeutet etwas Gutes. Ich glaube, glücklich zu sein ist der Sinn des Lebens.

Ich bin hinsichtlich der Zukunft optimistisch, weil die Menschheit zu reifen scheint; Wissenschaftler beachten mehr unsere inneren Werte, die Schulung des Geistes und der Emotionen. Es gibt einen ausgeprägten Wunsch nach Frieden und die Sorge um die Umwelt.

Der Klimagipfel in Paris Ende 2015 war der Anfang einer neuen Wirklichkeit. Die Welt hat sich vielleicht erstmals als Weltfamilie verstanden. Dabei haben sich alle Regierungen der Welt und die Europäische Union schriftlich verpflichtet, die Erderwärmung um nicht mehr als 1,5 Grad Celsius bzw. 2 Grad, gemessen am vorindustriellen Standard, steigen zu lassen. Doch global haben wir bereits einen Anstieg um mehr als ein Grad. Wenn wir so weitermachen, können es fünf bis sechs Grad Erwärmung werden. Noch in diesem Jahrhundert. Ich möchte dann nicht mein Enkel sein. Papier ist geduldig – die Regierungen handeln nicht. Bleiben Sie trotzdem optimistisch? Kann das Pariser Abkommen noch eingehalten werden?

Ich hoffe und bete dafür, dass das Pariser Abkommen von 2015 endlich spürbare Ergebnisse bringen wird. Denn: Es genügt nicht, nur Meinungen zu veröffentlichen und Konferenzen abzuhalten, wir müssen einen Zeitplan für den Wandel erstellen.

Egoismus, Nationalismus und Gewalt sind grundlegend falsch. Es ist sehr traurig, dass Amerika aus dem Pariser Abkommen ausgestiegen ist. Es ist wichtig, dass Wissenschaftler weiterhin über die Gefahren sprechen, denen wir ausgesetzt sind, und die Öffentlichkeit warnen. Und bei der Aufklärung der Menschen haben die Medien große Verantwortung. Die Kluft zwischen Arm und Reich ist beträchtlich, und wir müssen Maßnahmen ergreifen, sie zu schließen durch Hilfe für die Armen. Jede menschliche Aktivität sollte mit Verantwortungsgefühl, Engagement und Disziplin ausgeführt werden. Wenn unsere Aktivitäten aber kurzsichtig und für kurzfristigen Profit oder Machtzuwachs ausgeführt werden, dann werden daraus negative und destruktive Aktivitäten. Umweltschutz ist kein Luxus, den wir spaßeshalber wählen, sondern eine Überlebensfrage.

Ein leichter Temperaturanstieg in unserem Körper sorgt für viel Unbehagen. Aber ein Anstieg von fünf oder sechs Grad kann lebensgefährlich sein. Jahr für Jahr sind wir Zeugen der Erderwärmung aufgrund des Klimawandels. In jüngster Zeit haben Amerika und Europa extrem heiße Sommer und kalte Winter erlebt. Umweltfragen und Klimawandel sind ein globales Problem, betreffen nicht nur Europa, nicht nur die anderen Kontinente. Was sich auf diesem Planeten abspielt, geht uns alle an.

Schon 1992 haben Sie gesagt: »Die universelle Verantwortung ist der Schlüssel zum Überleben der Menschheit.« Was heißt das ganz konkret und praktisch?

Die sieben Milliarden Menschen sind soziale Wesen und müssen lernen zusammenzuleben. Die Zeiten sind vorbei, da man nur an »mein Land« oder »mein Volk«, an »wir oder die da« dachte. Wir leben in einer globalisierten Welt. Die Nationen denken an ihre eigenen nationalen Interessen und nicht an globale Interessen, und das muss sich ändern, weil die Umwelt ein globales Problem ist. Für globalen Umweltschutz müssen nationale Interessen zum Teil aufgegeben werden.

WIR SIND *EINE* MENSCHHEIT
AUF *EINER* ERDE

Aber Nationalismus prägt seit Jahrhunderten die Weltgeschichte. Lässt sich das wirklich überwinden?

Wohin ich auch gehe, erkläre ich, dass alle sieben Milliarden Menschen auf der Erde gleich sind, physisch, mental und emotional. Jeder möchte ein glückliches Leben führen, das frei von Problemen ist; sogar Insekten, Vögel und Säugetiere trachten danach.

Wenn wir eine friedlichere Welt und eine gesündere Umwelt fordern, zeigen wir oft auf andere und sagen, sie müssen dieses und jenes tun. Der Wandel muss jedoch mit uns selbst beginnen. Wenn ein Mensch mitfühlender wird, beeinflusst er andere, und auf diese Weise werden wir die Welt verändern. Wissenschaftler sagen, dass Mitgefühl grundlegend zu unserem Innersten gehört. Das stimmt mich hoffnungsvoll.

Angesichts solch globaler Probleme wie des durch CO_2 verursachten Treibhauseffekts und des Schwindens der Ozonschicht sind einzelne Organisationen oder Nationen hilflos. Als mir 1989 in Oslo der Friedensnobelpreis verliehen wurde, rief ich die Welt zu universeller Verantwortung auf. Wir müssen lernen, dass wir alle Brüder und Schwestern sind und auf *einer* Erde und unter derselben Sonne leben. Wenn wir nicht alle zusammenarbeiten, kann keine Lösung gefunden werden. Deshalb ist es unsere große Aufgabe, uns zu den ethischen Prinzipien universeller Verantwortung zu verpflichten, jenseits von Profit und Religion, und das Wohlergehen aller fühlenden Lebewesen und künftiger Generationen über unseren Egoismus zu stellen. Der Klimawandel ist ein Thema, das die gesamte Menschheit betrifft. Wenn wir aber geleitet werden durch ein echtes Gefühl universeller Verantwortung, dann wird unser Verhältnis mit der Umwelt ausgewogen sein, wie auch das mit unseren Nachbarn. Mutter Erde erteilt uns eine Lektion in universeller Verantwortung.

Deshalb trägt jeder von uns Verantwortung dafür, die Welt zu einem sicheren Platz zu machen, für die nächsten Generationen, für unsere Enkelkinder und unsere Urenkel.

Ist die Klimaerhitzung allein ein politisches Problem, oder kann auch jeder Einzelne etwas dagegen tun?

Wissenschaftler sind sich einig darin, dass wir Menschen für Erderwärmung und veränderte Wetterbedingungen verantwortlich sind. Logischerweise bedeutet das, dass wir Menschen die Verantwortung dafür tragen, Probleme, die wir geschaffen haben, auch zu lösen.

Jeder Einzelne sollte seinen Lebensstil ändern, weniger Wasser und Strom verbrauchen, Bäume pflanzen und den Verbrauch von fossilen Brennstoffen, die in Millionen Jahren entstanden sind, einschränken. Fossiler Brennstoff kann nicht wiederverwendet werden; deshalb müssen wir erneuerbare Energie wie Sonne, Wind und Geothermie verwenden.

Als ich noch ein Junge war und Buddhismus studierte, wurde mir die Bedeutung einer liebevollen Einstellung zur Umwelt beigebracht. Unsere Ausübung von Gewaltfreiheit betrifft nicht nur Menschen, sondern alle fühlenden Wesen.

Was unterscheidet uns vom Tier? Es ist eine spezifische Eigenschaft des Menschen, über die Fähigkeit zu verfügen, langfristig zu denken. Tiere können nur von einem Tag auf den anderen leben. Wir haben ein besseres Gehirn, das auch zehn oder gar hundert Jahre vorausdenken kann. Tausend Jahre sind wahrscheinlich zu viel für uns. Wir können also die Zukunft vorbereiten und auf lange Sicht planen.

OHNE MENSCHEN GINGE ES DER ERDE BESSER

Was außer unserer Kurzsichtigkeit hindert uns daran, mit dem Planeten und der Natur vernünftig umzugehen?

Die Zerstörung der Natur und ihrer Ressourcen entsteht durch Kurzsichtigkeit, Ignoranz, Gier und mangelnden Respekt vor den Lebewesen der Erde. Heute haben wir Zugang zu mehr Informationen, und es ist absolut notwendig, dass wir ethisch neu überprüfen, was wir geerbt haben, wofür wir verantwortlich sind und was wir künftigen Generationen hinterlassen werden.

Denn die Lösung der Klimakrise ist nicht nur eine Frage der Moral, sondern vor allem eine, die unser eigenes Überleben betrifft. Unsere Umwelt ist nicht nur für die jetzt Lebenden essenziell, sondern auch für die zukünftigen Generationen. Wenn wir sie weiterhin auf so extreme Weise ausbeuten – und mögen wir daraus monetären oder anderen kurzfristigen Nutzen ziehen –, werden wir und unsere Nachfahren lange daran leiden. Wenn sich die Umwelt ändert, ändern sich auch die klimatischen Bedingungen. Wenn diese sich dramatisch ändern, wird das auch Einfluss auf die Wirtschaft und viele andere Bereiche haben. Sogar unsere physische Gesundheit wird betroffen sein.

Früher brauchte der Mensch Schutz vor seiner Umwelt. Heute ist es umgekehrt. Die Wissenschaft sagt uns: Ohne Menschen ginge es der Erde besser.

Als jemand, der in Tibet geboren ist, dem Dach der Welt, wo sich die höchsten Gipfel der Welt befinden und Asiens große Flüsse entspringen, liebe ich die Natur seit meiner Kindheit. Ich habe mich mein Leben lang für den Erhalt der Umwelt engagiert und befürworte Umweltschutz, wo immer ich bin. Deshalb rufe ich alle auf, vor der Erderwärmung, die die Zukunft der Menschheit betrifft, zu warnen.

Was Sie »universelle Verantwortung« nennen, benennt Papst Franziskus in seiner Umwelt-Enzyklika so: »Die gegenseitige Abhängigkeit der Geschöpfe ist gottgewollt. Die Sonne und der Mond, die Zeder und die Feldblume, der Adler und der Sperling – all die unzähligen Verschiedenheiten und Ungleichheiten besagen, dass kein Geschöpf sich selbst genügt, dass die Geschöpfe nur in Abhängigkeit voneinander existieren und sich im Dienst aneinander gegenseitig ergänzen.« Diese Erklärung des Papstes entspricht doch genau auch Ihrer Meinung?

Ich begrüße die Umwelt-Enzyklika *Laudato si – Über die Sorge für das gemeinsame Haus* von Papst Franziskus. Ich sehe auch Gemeinsamkeiten zwischen dieser Enzyklika und meiner Botschaft von der Einheit der Menschheit. Da Erderwärmung und Klimawandel uns alle betreffen, müssen wir ein Gefühl für die Einheit der Menschheit und universelle Verantwortung entwickeln. Die Metaphysik der Weisen des alten Indien und des Westens nähern sich in den Zeiten der ökologischen Krise einander an. Technik allein wird uns nicht retten. Wir brauchen eine Interdependenz von Ethik und

Technik. Wir brauchen einen gemeinsamen Plan zur Rettung des Planeten. Sorge zu tragen für die Erde ist unsere gemeinsame Verantwortung. Jeder Einzelne von uns hat eine moralische Pflicht zu handeln, wie es die Enzyklika so machtvoll erklärt.

In unserem früheren gemeinsamen Buch haben Sie es so ausgedrückt: »Ethik ist wichtiger als Religion.« Was heißt das für die Umweltpolitik?

Religion darf sich nicht nur aufs Beten beschränken. Ethisches Handeln ist wichtiger als Gebete. Was soll denn, mein lieber christlicher Freund, Buddha, Allah oder Christus tun, wenn wir Menschen unsere Erde zerstören, die Meere mit Plastik füllen, sodass Fische, Robben und Wale verenden, die rasche Ausbreitung der Wüsten verursachen und Treibhausgase in der Atmosphäre? Christus, Allah oder Buddha sind doch nicht verantwortlich für den Klimawandel und die Umweltzerstörung; es ist ein von Menschen geschaffenes Problem. Deshalb müssen wir Verantwortung übernehmen und Lösungen für die Probleme finden. Deshalb brauchen wir eine Umweltethik, die das Handeln und das Mitgefühl mit allen fühlenden Wesen in den Mittelpunkt stellt.

Wissenschaftler sind zu dem Schluss gekommen, dass die menschliche Natur von

Grund auf mitfühlend ist. Wer in einer mitfühlenden Umgebung aufwächst, ist eher glücklich und erfolgreich. Wissenschaftler behaupten andererseits, dass ein Leben in ständiger Wut und Angst unser Immunsystem untergräbt. Daher sind Mitgefühl und Warmherzigkeit nicht nur am Anfang, sondern auch in der Lebensmitte und am Ende wichtig. Ihre Notwendigkeit und Werte gelten zu allen Zeiten, überall, in jeder Gesellschaft oder Kultur.

DIE HIMALAYA-GLETSCHER
VERSCHWINDEN

Zwei Drittel der Gletscher des Himalaya laufen wegen der Erderwärmung Gefahr, bis 2050 zu verschwinden. Das hätte Auswirkungen auf die Wasserversorgung von Milliarden Menschen in Indien und China. Im jüdischen Alten Testament heißt es: »Im Mitgefühl küssen sich Gerechtigkeit und Frieden.« Und im Neuen Testament sagt Jesus: »Seid mitfühlend, wie euer Vater im Himmel mitfühlend ist.« Unser Handeln ist nur mitfühlend, wenn es sich aus unserer wechselseitigen Verbundenheit ergibt. In Nordafrika habe ich Regionen gesehen, die gestern noch ein Paradies für die Menschen waren, heute sind sie bereits verdorrt, und morgen werden sie unbewohnbar sein. Ähnlich katastrophale Entwicklungen habe ich als Fernsehjournalist

seit fünfzig Jahren in Indien und Bangladesch be-
obachten können. Sind Eisschmelze und Klima-
erhitzung überhaupt noch zu verhindern?

Milliarden von Dollar werden für Massenvernichtungswaffen ausgegeben. Würde die Hälfte dieses Betrags verwendet, um neue Technologien und mehr erneuerbare Energien zu entwickeln, welche enormen positiven Auswirkungen hätte das bei unseren Bemühungen, die Erderwärmung zu begrenzen! Unsere Hoffnung auf die jüngere Generation allein reicht nicht. Auch Politiker müssen dringend handeln. Es genügt nicht, nur Versammlungen und Konferenzen abzuhalten, wir müssen einen Zeitplan für den Wandel erstellen. Nur wenn wir jetzt anfangen zu handeln, entsteht wirklich begründete Hoffnung. Wir dürfen unsere Zivilisation nicht der Geldgier von wenigen opfern. Journalisten spielen eine ebenso wichtige Rolle. Ich sage ihnen, dass sie in diesen modernen Zeiten eine besondere Verantwortung für die Bewusstseinsbildung der Menschen haben – also nicht nur schlechte Nachrichten, sondern auch Hoffnung verbreiten sollen.

Das Kohlenstoff-Budget, das uns nach den Berechnungen der Wissenschaftler noch bleibt, ist sehr klein. Deshalb muss dieses Budget die wichtigste Währung unserer Zeit werden. Den

Politikern gehen allmählich die Entschuldigungen aus, aber wir müssen mit unserer Zeit weise umgehen.

Hunderttausende junger Leute gehen jetzt in der neuen, weltweiten Jugendumweltbewegung »Fridays for Future« auf die Straße, um Politiker von einem besseren Klimaschutz zu überzeugen. Die Entschlossenheit der jungen Leute, größeres Bewusstsein zu schaffen, um positiven Wandel einzuleiten, ermutigt mich. Sie werden erfolgreich sein, weil ihre Bemühungen auf wissenschaftlichen Wahrheiten und Vernunft beruhen.

Dieses Buch ruft auf zu handeln. Ein Appell an Politiker, Meinungsbildner, Journalisten, religiöse Führer – und an alle Menschen. Denn die Zukunft aller kommenden Generationen ruht auf unseren Schultern, wir müssen entschlossen sein zu handeln, bevor es zu spät ist.

Was Sie eben über Politik und Politiker gesagt haben, gilt auch für uns Journalisten. Wir müssen endlich damit anfangen, die Krise als Krise, als die Überlebensfrage der Menschheit, zu beschreiben. Wir stehen vor unvorstellbarem Leid von Milliarden von Menschen. Warum ist die Klimafrage die Überlebensfrage allen Lebens?

Ich sage oft im Scherz, dass Mond und Sterne schön aussehen, wenn aber einer von uns versuchen würde, auf ihnen zu leben, ginge es ihm sehr schlecht. Unser blauer Planet ist ein schöner Lebensraum. Sein Leben ist unser Leben; seine Zukunft unsere Zukunft. Die Erde handelt in der Tat wie eine Mutter für uns alle. Wie Kinder sind wir von ihr abhängig. Unsere Welt ist zutiefst interdependent, sowohl, was unsere Wirtschaft, als auch was Probleme, die uns alle herausfordern, wie den Klimawandel, anbetrifft.

Wissenschaftler sagen, schon ein geringer Anstieg der Temperatur stelle ein Risiko dar für Menschen, Tiere, Landwirtschaft, Wasser, das Abschmelzen der Gletscher, besonders in der Arktis und Antarktis, in Grönland und Alaska, im Himalaya und in den Alpen. Wenn die Welt es nicht schafft, die Erderwärmung zu stoppen, werden kleine Inselstaaten wegen des ansteigenden Meeresspiegels für immer verschwinden. Unglücklicherweise treffen wetterbedingte Katastrophen die Armen am härtesten. Wenn wir Fotos der Erde aus dem Weltraum sehen, sehen wir keine Grenzen zwischen uns, nur diesen einen schönen blauen Planeten. Wir brauchen größeres, globales Verantwortungsbewusstsein – das auf der Einheit der Menschheit beruht.

Tibet ist das große Epizentrum des Klimawandels, sagen Sie. Warum ist das so?

Ein chinesischer Ökologe hat das Hochland von Tibet als den »dritten Pol« beschrieben, weil es das drittgrößte von Eis bedeckte Gebiet auf dem Planeten nach Nord- und Südpol ist. Die Folgen der Erderwärmung auf dem Hochland von Tibet haben erhebliche Auswirkungen auf das Leben von mehr als eineinhalb Milliarden Bewohnern der Region. Der Autor erwähnte auch, dass die Temperaturen auf dem Hochland von Tibet um 1,5 Grad gestiegen sind – mehr als das Doppelte des weltweiten Durchschnitts. Die Gletscher des »dritten Pols« schmelzen seit 2005 fast doppelt so schnell. Über fünfhundert kleine Gletscher sind ganz verschwunden, und die größten schrumpfen rapide, laut der genannten Untersuchung.

Das Hochland von Tibet ist nun mal das größte Wasserreservoir der Welt. Dort entspringen die zehn größten Flüsse Asiens, darunter Ganges, Brahmaputra, Indus, Sutlej, Irrawaddy, Salween, Gelber Fluss, Yangtse und Mekong. An deren Ufern lebt ein Fünftel der Weltbevölkerung. Ohne Wasser gibt es kein Leben. Wenn Tibets 46 000 Gletscher weiterhin abschmelzen, stehen wir vor unvorstellbaren Wasserproblemen. Wasser wird ein Hauptanlass für künftige Konflikte werden. Deshalb ist Tibets Ökologie wirklich bedeutsam.

Wir beide standen im November 1989 an der Ber-
liner Mauer. In Ost- wie in Westberlin klopften
damals bereits die Mauerspechte an diesem un-
menschlichen Monstrum. Die Menschen auf beiden
Seiten der Mauer gaben Ihnen eine brennende Ker-
ze in die Hand und hievten Sie auf die Mauerreste.
Da standen Sie nun und sagten den starken Satz:
»So sicher, wie diese Mauer fallen wird, wird meine
Heimat Tibet eines Tages Freiheit haben.« Ein für
mich unvergesslicher Augenblick. Schließlich lie-
ßen die Herrschenden in China erst ein halbes Jahr
zuvor den Studentenaufstand am Platz des Himm-
lischen Friedens brutal niederschlagen. Danach
diskutierten wir in der Freien Universität Berlin
vor mehreren Tausend Studenten über diese Ihre
optimistische Perspektive. Würden Sie diesen Satz
heute wieder sagen in einer Zeit, in der die Repres-
sionen der chinesischen Besatzung in Tibet eher
noch stärker wurden, als sie es 1989 schon waren?
Sind Sie noch immer ein so großer Optimist?

Als wir ins Exil gingen, hatten unsere Sprache
und unsere Kultur Priorität bei der Bewahrung unserer Identität. Wenn die Tibeter in
Tibet heute ihre Leidenschaft für die Bewahrung ihrer Kultur offenbaren, wird dies von
den chinesischen Hardlinern als Anzeichen
von Separatismus bekämpft. Der tibetische
Geist bleibt jedoch trotz aller Restriktionen
widerständig.

Die Zeiten ändern sich und totalitäre Systeme haben keine Zukunft.

EIN ATOMKRIEG
WÄRE DER LETZTE KRIEG
DER GESCHICHTE

Sie befürchten sogar Kriege um Wasser zwischen Indien und China. Beide Länder haben Atombomben. Könnte es sogar zu einem Atomkrieg zwischen Indien und China in der Wasserfrage kommen?

Ein Atomkrieg wäre wohl der letzte Krieg in der Menschheitsgeschichte, weil es danach keine Menschen mehr gäbe, die noch einen Krieg führen könnten.

Warum ist es so wichtig, den Einklang zwischen der Umwelt und den fühlenden Lebewesen aufrechtzuerhalten?

Es besteht eine recht enge Abhängigkeit zwischen der Umwelt und den fühlenden Lebewesen. Deshalb tragen wir gemeinsam eine weltweite Verantwortung, sowohl für die Menschheit als auch für die Natur.

Wenn die Umwelt zerstört und verschmutzt wird, so zieht dies zahlreiche negative Konsequenzen nach sich. Ozeane und Seen verlieren ihre Lebensqualität, sodass die Lebewesen, die an diese Lebensräume gebunden sind, aussterben. Der Niedergang der Vegetation und das Waldsterben sind Vorboten für den Verfall der Erde. Der von allen dringend benötigte Regen wird ausbleiben, der Boden austrocknen und erodieren, Stürme ohnegleichen werden übers Land ziehen. Wir alle werden an diesen Konsequenzen leiden.

Vor der chinesischen Besatzung war Tibet ein schönes, unverdorbenes Naturreservat in einmaliger Umgebung. Leider sind in den letzten sechs Jahrzehnten Tibets Tierwelt und fragile Ökologie durch die chinesische Besatzung beinahe zerstört worden. Das wenige, was bleibt, muss geschützt werden. Jede Anstrengung muss unternommen werden, um den ursprünglichen Zustand der tibetischen Umwelt wiederherzustellen.

Trotz allen Leids, das China den Tibetern seit über sechs Jahrzehnten zugefügt hat, bin ich weiterhin davon überzeugt, dass die meisten menschlichen Konflikte durch aufrichtigen Dialog, durchgeführt in einem Geist der Offenheit und Versöhnung, gelöst werden können. Wir haben gelernt, dass selbst Feinde Freunde werden können. Ich glaube fest an Gewaltfreiheit. Ich persönlich kenne keine Feinde. Es gibt nur Menschen, die ich noch nicht getroffen habe.

»Die Umweltkatastrophen sind der Widerschein unserer konfliktreichen und destruktiven Denkweisen, die auf einem egoistischen Trachten nach Wohlstand und Profit beruhen«, sagen Sie. Gehörten ein gewisser Egoismus und Streben nach Wohlstand nicht auch zum Menschsein?

(*Nach kurzem Nachdenken und einem Lächeln antwortet der Dalai Lama*) Materielle Werte sind wichtig. Aber tiefere innere Werte sind wichtiger. Im letzten Jahrhundert haben wir große materielle Fortschritte erzielt. Aber genau diese materiellen Fortschritte führen jetzt zur Umweltzerstörung. Wir brauchen eine neue Balance zwischen Ökonomie und Ökologie, sonst zerstören wir unsere Lebensgrundlagen. Der materielle Fortschritt allein kann unseren psychischen Stress, unsere Angst, Wut und Frustration nicht verringern.

Mein Freund Michail Gorbatschow engagiert sich noch immer für die Umwelt in der von ihm mitgegründeten internationalen Organisation »Grünes Kreuz«. Die Ökologie muss die intelligentere Ökonomie werden. Nur dann werden wir nachhaltig leben können.

Wird die Welt besser oder schlechter? Es gibt einen wachsenden Widerstand gegen die Existenz von Atomwaffen. Früher sprach niemand über Umwelt, heute ist sie in jedermanns Munde. Wissenschaftler, die sich früher materiellen Werten widmeten, kümmern sich jetzt um Geistesschulung. Ich bin optimistisch, dass die Menschen insgesamt reifer werden. Ich sagte schon, wir sind eigensüchtig, das stimmt. Aber Eigensucht sollte klug und nicht dumm sein. Denke weniger »ich« und mehr an das Wohlergehen anderer. Du bekommst höchsten Nutzen. Das also ist kluge Eigensucht.

Sie sprechen über Priorität für die Bildung zum Umweltschutz, vom Kindergarten bis in höhere Schulen, aber auch an Universitäten. Warum ist es wichtig, so früh zu beginnen?

Jedes Kind sollte in der Schule lernen, dass seine eigene Zukunft und sein Glück immer auch von Zukunft und Glück anderer abhängen werden. Schon im Kindergarten können Kinder lernen, dass alle sieben Milliarden Menschen das Recht haben, glücklich zu sein. Wir alle leben auf demselben Planeten, unter derselben Sonne und atmen dieselbe Luft. Die Welt braucht heute – schon in der Schule – eine Bildung zur Wertschätzung der Umwelt, die auf einem vertieften Verständnis beruht, das über Religion hinausgeht.

Umweltbildung muss oberste Priorität haben, da wir alle Zeugen der Zerstörung unseres Ökosystems und eines dramatischen Rückgangs der Artenvielfalt sind. Umwelterziehung bedeutet, ausgewogene Lebensführung zu lernen. Für einen universellen Appell braucht solche Ethik eine säkulare Basis.

Als ich 1959 von Tibet nach Indien kam, hatte ich keine Vorstellung von Umweltproblemen. Als ich hörte: »Du kannst dieses Wasser nicht trinken«, war ich überrascht, dass es verschmutzt war. In Tibet ist es immer ein Vergnügen, ein Gewässer zu durchqueren. Kein Problem. Ich erfuhr von Verschmutzung, und allmählich von Ökologie. Ich empfinde jetzt tiefe Sorge um die Umwelt, da sie eine Überlebensfrage geworden ist. Dies erfuhr ich durch Bewusstsein – nicht durch Meditation, sondern durch Bewusstsein, mithilfe von Experten.

Wir können auf den Mars oder auf den Mond fliegen, aber wir können dort nicht siedeln. Unsere Erde ist der einzige Platz, wo wir leben können.

MEHR HERZENSBILDUNG

Was verstehen Sie unter Herzensbildung?

Ich wünsche mir, dass der Herzensbildung mehr Aufmerksamkeit zuteilwird – Unterricht in Liebe, Freundlichkeit, Frieden, Mitgefühl, Vergebung, Sorgfalt, Selbstdisziplin, Großzügigkeit und Toleranz. Diese Ausbildung ist nötig vom Kindergarten bis in höhere Schulen und Universitäten. Ich meine damit soziales, emotionales und ethisches Lernen. In dieser modernen Zeit brauchen wir eine weltweite Initiative für Herzens- und Geistesbildung.

Zurzeit sind unsere modernen Ausbildungssysteme hauptsächlich auf materielle Entwicklung ausgerichtet. Die moderne Ausbildung ist nicht angemessen und beachtet wenig innere Werte. Doch unsere menschliche Natur ist von Grund auf mitfühlend. Deshalb müssen wir einen Lehrplan entwickeln, der auf Mitgefühl und Warmherzigkeit beruht, und diesen in das moderne Ausbildungssystem integrieren, um es ganzheitlicher zu machen.

Im Unterschied zu den Pflanzen haben wir Emotionen. Wir müssen lernen, diese zu kontrollieren und inneren Frieden zu erlangen. Unsere Bildung sollte genau das beinhalten: wie wir inneren Frieden erlangen. Sie sollte uns lehren, wie wir richtig leben und Körper und Geist in Einklang bringen. Das betrachte ich als essenziell.

Wir müssen lernen, dass die Menschheit eine große Familie ist. Wir sind alle Brüder und Schwestern: Physisch, geistig und emotional sind wir gleich. Doch konzentrieren wir uns noch viel zu sehr auf unsere Unterschiede statt auf unsere Gemeinsamkeiten. Letztendlich gleichen wir uns alle durch Geburt und Tod.

DAS SOLARZEITALTER BEGINNT

Wir haben in unseren zahlreichen Gesprächen schon oft über die Solarenergie gesprochen. Die Sonne schickt uns 15 000-mal mehr Energie auf die Erde, als wir zurzeit verbrauchen. Das macht die Sonne kostenlos, umweltfreundlich, in allen Ländern und für alle Zeit. Die Lösung des Energieproblems steht also am Himmel. Außerdem haben wir Windenergie, Wasserkraft, Bioenergie, Geothermie und Meeresenergie. Die Welt ist voller Energie. Wir können die gesamte Symphonie der erneuerbaren Energien nutzen. In einigen Ländern wie Costa Rica oder Island ist die gesamte Energie schon zu hundert Prozent erneuerbar. Weltweit ist bereits ein Drittel der Stromerzeugung regenerativ. Es fehlt nicht an Erkenntnissen oder Technologien, aber an der raschen Umsetzung. Warum dauert der Umstieg so lange?

Sie haben mir erzählt, dass Deutschland schon heute fünfzig Prozent Ökostrom produziert. Im Jahr 2000 waren es noch fünf Prozent. Das zeigt, dass auch Industriestaaten mit hohem Energieverbrauch auf erneuerbare Energien umsteigen können. Auch verstehe ich, dass heute mehr Speichertechnologien für Sonnen-

und Windkraft entwickelt werden. Hinzu kommt, dass Sonne und Wind keine Rechnung schicken. Das heißt, es sind kostenlose Geschenke der Natur, die wir künftig viel mehr nutzen sollten. Weltweit sind heute Solar- und Windenergie die kostengünstigsten Energiequellen. Wir brauchen also keine Atom- oder Kohlekraftwerke. Wir stehen am Beginn einer weltweiten solaren Revolution.

Wir müssen unseren Lebensstil und unsere weitreichende Abhängigkeit von alten Energien ändern. Es muss also mehr Anreize der Regierungen für Produzenten erneuerbarer Energien und für normale Verbraucher geben, erneuerbare Energien zu nutzen.

Dazu noch eine Frage, lieber Freund: Wir können längst Häuser und Fabriken bauen, die mehr Ökoenergie erzeugen, als sie Energie verbrauchen. Die Sonne scheint auf jedes Dach. Wir wissen, dass in Zukunft Schiffe und Flugzeuge solarerzeugten Wasserstoff nutzen werden. Wir haben in den letzten zwanzig Jahren durch die erneuerbaren Energien weltweit schon über elf Millionen zukunftsfähige Arbeitsplätze geschaffen. Die Internationale Agentur für erneuerbare Energien schätzt, dass durch die solare Energiewende bis 2030 fünfundzwanzig Millionen neue Jobs entstehen werden. Aber warum geht die Energiewende dennoch so langsam voran?

Es war schon immer so, dass eine neue Technologie eine relativ lange Zeit gebraucht hat, bis sie den kompletten Durchbruch geschafft hat. Immer mehr Firmen stellen Elektroautos her. Wenn aber die Kosten der Autos zu hoch sind, können nur sehr Reiche sie kaufen. Deshalb müssen diese Autos kostengünstiger werden. Genauso müssen andere erneuerbare Energien noch kostengünstiger werden, besonders für den ärmeren Teil der Gemeinschaft, der am meisten unter dem Klimawandel leidet. Ich habe von Wissenschaftlern gelernt, dass der Einsatz von Solar- und Windenergie in den letzten Jahren weltweit zugenommen hat. Das sind doch erfreuliche Fortschritte. Wie ich schon sagte, muss es mehr Ausbildung und Anreize für den Einsatz von erneuerbaren Energien geben.

Wir können schon heute in Afrika oder in Chile Solarstrom für zweieinhalb Cent pro Kilowattstunde produzieren. Die Regierung Saudi-Arabiens will bis 2025 im größten Solarkraftwerk der Welt Solarstrom für einen Cent herstellen. Das alles sind Geschenke des Himmels und zugleich die effizienteste Entwicklungspolitik aller Zeiten. Denn Solarstrom ist schon heute Sozialstrom. Erneuerbare Energien sind der entscheidende Schritt zum Wohlstand für alle. Mit preiswerter Energie können auch in den armen Ländern des Südens die Wirtschaft entwi-

ckelt und die Fluchtursachen beseitigt werden. Wie
können wir die Politiker dazu bringen, das, was sie
in Paris beschlossen haben, auch rasch umzusetzen?

WIR SOLLTEN DIE POLITIKER
EINSPERREN

(*Lacht sein weltbekanntes gurgelndes Lachen und
sagt schließlich grinsend*) Man sollte die wichtigsten Politiker der Welt vielleicht eine Zeit
lang in einen Raum einsperren und Kohlendioxid hineinleiten, bis sie merken, was der
Klimawandel wirklich ist. Dann würden sie
wahrscheinlich ganz rasch spüren, was Treibhausgase mit uns Menschen anstellen (*lacht
noch immer ziemlich laut*).

Ich schätze sehr Ihre weltweiten Aktivitäten für die Energiewende und für mehr Umweltschutz. Denn oft habe ich den Eindruck,
dass Politiker den Klima- und Umweltschutz
noch nicht ernst genug nehmen. Die Ignoranz
ist der Hauptfeind Nummer eins.

Wissenschaftler sagen, dass viele Teile der
Welt wegen der Erderwärmung Wüste werden
können. Das ist sehr ernst. Ein Nobelpreisträger für Chemie aus Taiwan sagte mir, dass
nach weiteren achtzig Jahren die Welt wie eine
Wüste werden wird. Er sagte, die Wasservor-
räte würden schon in beunruhigendem Maße

schwinden. Deshalb müssen wir alle unseren Lebensstil ändern, indem wir fossile Brennstoffe aufgeben und auf erneuerbare Energiequellen umstellen. Ich träume davon – und vielleicht ist es ein unmöglicher Traum –, das Potenzial an Sonnenenergie zum Beispiel der Sahara zu nutzen und damit Entsalzungsanlagen zu betreiben. Das so gewonnene Süßwasser könnte die Wüste fruchtbar machen und Feldfrüchte hervorbringen. Es ist ein Projekt, das weitverbreiteten Nutzen brächte und für seinen Betrieb weltweite Zusammenarbeit erfordern würde.

Unsere Umwelt zu schützen und die notwendigen Schritte zu unternehmen, um die Klimaerhitzung zu stoppen, ist ein essenzielles Anliegen. Ich selbst bin ein buddhistischer Mönch und habe deshalb keine Kinder; Menschen mit Kindern jedoch sollten darüber nachdenken, wie das Leben für sie und ihre Enkel aussehen wird. Wir stehen zwar am Anfang des 21. Jahrhunderts, aber wir sollten dennoch bis ins 22. und 23. Jahrhundert vorausschauen.

WIEDERGEBURT VERLANGT UMWELTSCHUTZ

Träumer ändern die Welt mehr als Zweifler. Könnte vielleicht auch ein Bewusstsein von Reinkarna-

tion helfen? Wer weiß, dass er wiederkommt, will einen gesunden Planeten. Wir wissen heute, dass auch Jesus in seiner aramäischen Muttersprache mehrmals von Wiedergeburt sprach. Zur Zeit Jesu, so der jüdische Religionsphilosoph Schalom Ben-Chorim, war der Glaube an die Wiedergeburt Volksglaube. Doch die christlichen Bischöfe haben später diese Jesusworte durch Mehrheitsbeschluss eliminiert. Für asiatische Religionen ist Wiedergeburt eine Selbstverständlichkeit. In allen Religionen und Kulturen gibt es Menschen, die sich an frühere Leben erinnern. Kulturen und Religionen, die an Wiedergeburt glauben, müssten sich doch schon aus egoistischen Gründen für Umweltschutz einsetzen, denn sie brauchen in ihrem nächsten Leben auch eine lebensfreundliche Erde. Hat der Umwelt- und Klimaschutz in asiatischen Wiedergeburtsreligionen einen höheren Stellenwert als in westlichen Religionen?

In den Religionen ja. In der praktischen Politik jedoch kaum. Im praktischen Umweltverhalten ist davon noch wenig zu spüren, denken Sie an die Umweltprobleme in China. Oder auch an die Atomkraftwerke in Japan. Auch in Indien werden noch immer neue Kohlekraftwerke gebaut. Richtig ist aber, dass ein Mensch, der an Wiedergeburt glaubt, natürlich einen umweltfreundlichen Planeten in seinem nächsten Leben will. Auch ich (*lacht*).

Große Geister in allen Kulturen waren überzeugt von der Reinkarnation, zum Beispiel der deutsche Philosoph Arthur Schopenhauer im 19. Jahrhundert oder Pythagoras im alten Griechenland. Auch der christliche Kirchenvater Origenes war von Reinkarnation überzeugt. Das heutige christliche Abendland ist die einzige Region auf unserem Planeten, in der Reinkarnation offiziell bestritten wird. Sie, lieber Freund, sagen: »Spiritualität ist der wesentliche Schlüssel für unser Überleben.« Wie begründen Sie diese Behauptung?

Ich habe oft in Einklang mit der Tradition der tibetischen buddhistischen Kultur gesagt: »Alle fühlenden Lebewesen waren unsere Mütter.« Von dieser Erkenntnis ist die gesamte buddhistische Spiritualität geprägt. Alle fühlenden Wesen sind durch ein mütterliches Band miteinander verbunden. Dies ist die Grundwahrheit des Erwachens, der Erleuchtung und des Erkennens. Wir sind alle im Universum miteinander verbunden, und da entsteht unsere universelle Verantwortung. Jesus kannte dieses geistige Gesetz, im Buddhismus *Karma* genannt, und sprach darüber, ohne das Wort *Karma* zu benutzen. Es ist ein geistiges Gesetz: »Du erntest, was du säst.« Die Dinge hängen ganz von deinen Bemühungen, deinen Handlungen ab. Deshalb ändern sich die Dinge durch Handlungen, nicht durch Gebet.

Wir müssen handeln, um positives Karma zu schaffen. Positives Karma bedeutet positives Handeln.

»WIR SIND, WAS WIR DENKEN«
(BUDDHA)

Buddha hat gesagt: »Wir sind, was wir denken. Alles, was wir sind, entsteht durch unsere Gedanken. Mit unseren Gedanken gestalten wir unsere Welt.« Was ein einzelner Mensch bewirken kann, hat in den letzten Monaten die sechzehnjährige Schwedin Greta Thunberg mit ihrem festen Willen bewiesen. Sie setzte sich an einem Freitag im Sommer 2018 mit ihrem blauen Kapuzenpulli und einer rosafarbenen Jacke darüber ganz allein vor den Reichstag in Stockholm und begann mit ihrem Protest. Auf ihrem selbst gemalten Pappschild stand »Skolstrejk för klimatet« (»Schulstreik fürs Klima«). Am Freitag danach saßen dann schon vier Schülerinnen und Schüler neben ihr. Und heute folgen ihr Hunderttausende in über hundertfünfzig Ländern; am 15. März 2019 waren es 1,6 Millionen, am 20. September 2019 bereits über vier Millionen. Die junge Frau sprach auf dem Weltklimagipfel in Polen, traf den Papst, ist für den Friedensnobelpreis vorgeschlagen und in Schweden zur »Frau des Jahres« erkoren worden. Das Time-Magazin zählt sie zu den hundert einflussreichsten Personen weltweit.

Auf die Frage, warum sie für das Klima streikt, sagt sie: »Ich weiß, was auf dem Spiel steht – das Überleben der Menschheit. Und ich sehe es als meine moralische Pflicht an, alles zu tun, was ich kann, um das Schlimmste abzuwenden. Ich habe zunächst versucht, andere für die Idee zu begeistern, aber niemand wollte mitmachen, also habe ich allein begonnen. Wir können sehr viel erreichen, wenn sehr viele mitmachen.« Die schüchterne Sechzehnjährige wurde krank, weil sie die Bilder von Plastikbergen in den Ozeanen nicht mehr ertragen konnte. Ihre Mutter schreibt: »Nach ihrer Krankheit sieht Greta Dinge, die andere nicht sehen: Das CO_2 der Flugzeuge und Autos und der Kohlekraftwerke. Sie sieht, dass wir die Atmosphäre in eine unsichtbare gigantische Müllhalde verwandeln.«

Greta Thunberg sagt, dass sie schon vor dem Protest vor dem Stockholmer Reichstag an vielen Demonstrationen für das Klima teilgenommen hatte, aber niemand darüber berichtete. Erst als sie den Gedanken des Schulstreiks hatte und diesen auch umsetzte, wurde daraus ein Weltthema. Und heute sagt sie den Politikern: »Wir streiken, bis ihr handelt. Gemeinsam verändern wir die Welt.« Wie erklären Sie als Buddhist diesen gegenwärtigen weltweiten Greta-Effekt, den so kein Wissenschaftler hätte erfinden können?

Die Motivation der jungen Greta Thunberg, bei den Menschen ein Bewusstsein für die Erderwärmung zu schaffen sowie für die Notwendigkeit, dagegen anzukämpfen, erachte ich als eine beachtliche Leistung. Trotz ihres jugendlichen Alters ist ihr universelles Verantwortungsgefühl, das sie zum Handeln veranlasst, wunderbar. Ich unterstütze deshalb ihre Bewegung »Fridays for Future«. Die jungen Leute haben zwei wesentliche Argumente auf ihrer Seite: ihre Jugend und ihre Lebensperspektive sowie die Wahrheit der Wissenschaft.

Ich glaube, jeder Einzelne trägt Verantwortung, mitzuhelfen, unsere globale Familie in die richtige Richtung zu leiten. Gute Wünsche allein sind nicht genug; wir müssen Verantwortung übernehmen. Bei Menschen entstehen große Bewegungen durch Initiativen Einzelner.

Die Jugendlichen des einundzwanzigsten Jahrhunderts verkörpern jetzt die Menschheit des Planeten. Sie müssen eine aktivere Rolle beim Schutz der Ökologie und unserer Heimat einnehmen. Sie haben die Fähigkeit und die Möglichkeit, Wandel herbeizuführen, ein Jahrhundert des Friedens, des Dialogs und des Mitgefühls zu schaffen. Selbst bei steigender Erderwärmung können sie wie Brüder und Schwestern zusammenarbeiten und gemeinsam Lösungen finden. Sie sind unsere echte Hoffnung.

Ideen können von oben kommen, die Bewegungen aber, die sie umsetzen, müssen von unten nach oben arbeiten. Deshalb ermutigt es mich, wie junge Leute versuchen, positiven Wandel herbeizuführen. Und ich bin zuversichtlich, weil ihre Bemühungen auf Wahrheit und wissenschaftlicher Vernunft beruhen – deshalb werden sie Erfolg haben.

»UNSER HAUS BRENNT«
(GRETA THUNBERG)

Haben Greta und die Tausende von Schülern und Jugendlichen, die ihr inzwischen folgen, recht, wenn sie uns Alten zurufen: »Wir sind laut, weil ihr uns die Zukunft klaut«? Greta sagt: »Our house is on fire – unser Haus brennt.« Ist das übertrieben?

Die junge Klima-Aktivistin hat recht. Wissenschaftler und Umweltaktivisten haben sich selbstlos und unermüdlich dafür eingesetzt, eine bessere Umwelt zu schaffen, sodass künftige Generationen ein gesundes und glückliches Leben führen können. Das Pariser Klimaabkommen wurde von 196 Regierungsvertretern unterzeichnet mit dem Ziel, den Klimawandel zu bekämpfen und den Anstieg der Erderwärmung bei zwei Grad (gemessen an der vorindustriellen Zeit) zu stoppen – ein hoffnungsvolles und ermutigendes Zeichen.

Die Fridays-for-Future-Anhänger engagieren sich jetzt für einen effektiveren Klimaschutz. Wenn Millionen junger Brüder und Schwestern auf der ganzen Welt streiken, weil die Politiker untätig sind, dann ist das ein Zeichen dafür, dass etwas nicht in Ordnung ist.

Der Klimawandel ist nicht die Angelegenheit von nur ein oder zwei Nationen. Er ist ein Problem, das die gesamte Menschheit betrifft. Dieser schöne Planet ist unser einziges Zuhause. Wenn, aufgrund der Erderwärmung oder anderer Umweltprobleme, die Erde nicht mehr erhalten werden kann, gibt es für uns keinen anderen Planeten, auf dem wir leben können. Wir müssen endlich ernsthafte Maßnahmen ergreifen, um unsere Umwelt zu schützen, und konstruktive Lösungen gegen die Erderwärmung finden.

Wie können wir auch Politiker und Geschäftsleute dazu motivieren, mehr für die Umwelt und das Klima zu tun als bisher?

In den vergangenen Monaten haben Hunderttausende junger Brüder und Schwestern unsere Politiker dazu aufgefordert, etwas gegen den Klimawandel zu unternehmen. Wir müssen global denken, aber lokal handeln. Das sollte bei der Wahl politischer Führer auch gelten. Unser Wahlverhalten ist auch eine moralische Frage. Wir sehen heute, dass die Wahlen stark von der Umweltpolitik beeinflusst werden. Es werden immer mehr grüne Parlamentarier gewählt, ob in Deutschland, der Schweiz, in Finnland, Belgien, den Niederlanden oder im Europaparlament. Das ist ein starkes Anzeichen dafür, dass das Denken und Handeln der Menschen den Geist der Zeit verändern kann. Erfreulicherweise verstehen heute vor allem junge Menschen den Zusammenhang zwischen Umweltpolitik und Wahlen.

Wie stehen Sie, lieber Freund, zum konkreten Handeln von Greta Thunberg und anderer junger Menschen? Unterstützen Sie das Verhalten junger Schüler, die die Schule schwänzen und auf die Straße gehen, um einen radikalen Wandel zu fordern?

Ich schrieb ihr, dass ich auch dieses Tun bewundere und unterstütze. Wir Älteren werden wohl die nächsten zehn oder zwanzig Jahre überleben. Aber die heute jungen Menschen wie Greta werden noch das Ende unseres Jahrhunderts erleben, und sie werden dem Wandel entgegentreten müssen, ganz gleich wie er aussieht. Sie fürchten zu Recht die Klimaerhitzung und das Artensterben sowie ihre Folgen für die gesamte Umwelt und Mitwelt. Sie sind ganz einfach realistisch, und wir sollten sie unterstützen. Manchmal hat es den Anschein, dass wir Älteren zu materialistisch eingestellt sind, dass wir einer materialistischen Kultur anhängen. Die Jüngeren spüren, dass einem solchen Leben etwas fehlt. Wie gesagt, wir sollten sie unterstützen.

Greta Thunberg sieht die Politik sehr realistisch. Zu Kongressabgeordneten in den USA sagte sie: »Erzählt uns nicht, wie inspirierend wir sind, um dann nichts zu tun.« Was können wir jetzt tun?

Nun, wir könnten vieles tun. Sie kommen aus Deutschland. Nach 1945 hat die europäische Geschichte gezeigt, dass Frieden möglich ist, obwohl im letzten Jahrhundert jeder gegen jeden in Europa Krieg geführt hat. Ich bewundere sehr den Geist der Europäischen Union, der Frieden unter ihren Mitgliedern bewahrt hat. Noch nie hat innerhalb der Europäischen Union ein Land gegen ein anderes Land Krieg geführt. Siebzig Jahre lang Frieden! Die Europäische Union hat 2012 zu Recht den Friedensnobelpreis erhalten. Politik kann sich ändern, so wie sich Menschen ändern können. Die Europäische Union ist ein wunderbares Friedensprojekt, das mich sehr ermutigt.

In jeder Krise liegt immer auch eine Chance. Viele Menschen machen diese Erfahrung in ihrem Privatleben. Aber auch in der Politik und Wirtschaft liegen in Krisen immer auch

Chancen. Wir sind immer dieselben Menschen – auf allen Ebenen.

DIE BERGE HIER SIND SO KAHL GEWORDEN WIE DER KOPF EINES MÖNCHS

Als buddhistischer Mönch setzen Sie auch auf die Macht der Gedanken. Gedanken werden auf geistiger Ebene weitertransportiert. Gedanken sind Energien, die sich in unserem Geist bilden. Mit positiven Energien können wir Positives bewirken, mit negativen Gedanken freilich auch Negatives. Was könnte dieses buddhistische Denken für mehr und besseren Klimaschutz bewirken? Wenn ich von Ihrem Exil aus auf die Berge des Himalaya schaue, fällt mir ein Zitat von Ihnen ein: »Die Berge des Himalaya sind so kahl geworden wie der Kopf eines Mönchs.« (Der Dalai Lama lacht und kratzt sich an seinem kahlen Kopf.) Die brutale Abholzung der Wälder in Tibet durch die Chinesen habe ich schon vor dreißig Jahren im Deutschen Fernsehen gezeigt. Wie können wir die Umweltzerstörung noch stoppen und wie das Klima noch retten?

Erst wenn wir verstehen, dass unsere Erde wie eine Mutter ist – Mutter Erde –, werden wir ihr die notwendige Fürsorge angedeihen lassen. Wie die alten Indianervölker verstehen wir Tibeter diesen Zusammenhang: Gesunde Erde, gesunde Tiere, gesunde Pflanzen, gesunde Wälder, gesundes Wasser, gesunde Menschen. Mutter Erde warnt uns heute: »Meine Kinder benehmen sich schlecht«, eine Warnung, dass unseren Handlungen Grenzen gesetzt sind.

Wir verbrauchen heute an einem Tag so viel Kohle, Gas, Öl und Benzin, wie die Natur in einer Million Jahren geschaffen hat. Das ist die Hauptursache der Erderwärmung. Als tibetischer, buddhistischer Mönch trete ich für eine Mäßigung unseres Konsumverhaltens ein. Ein verantwortungsvolles Leben ist ein einfaches und zufriedenes Leben. Wir müssen lernen, zusammenzuarbeiten und *mit* der Natur, nicht gegen die Natur, zu leben.

Die Umweltzerstörung ist heute auch im tibetischen Hochland angekommen. Im Westen träumen noch viele Menschen von Tibet als einem Paradies, einem Shangri-La. Gibt es das Paradies Tibet noch?

Was die Chinesen nach 1959 auf dem Dach der Welt angestellt haben – vor allem in der Zeit der Kulturrevolution –, ist »kultureller Völkermord«. Was ich heute von tibetischen Flüchtlingen, die ich in meinem Exil in Dharamsala treffe, erfahre, lässt mich befürchten, dass meine alte Heimat eher das Gegenteil eines Paradieses ist. Ich finde es trotzdem bewundernswert, dass die große Mehrheit der Tibeter, siebzig Jahre nach der Besatzung, noch immer an ihrer Religion, Sprache und Kultur festhält und die Umwelt achtet, obwohl heute mehr Chinesen als Tibeter in Lhasa, Tibets Hauptstadt, leben. Die Chinesen haben uns zu einer Minderheit im eigenen Land gemacht.

China hat in Tibet fünfundachtzig Prozent aller Bäume abgeholzt und Ihr Land dadurch seiner Lebenskraft beraubt. Warum haben die Chinesen das getan, und welche Konsequenzen hat das für Ihre Heimat?

Wenn die Wälder in Tibet sterben, leidet ein ganzes Volk. Und wenn ein Volk leidet, leidet die ganze Welt. Wir brauchen Wälder auch für unsere Gesundheit. Wenn wir in einem Wald spazieren gehen, ist die Frischluft heilsam. Wir brauchen grüne Wälder. Sie sind ein großes Geschenk der Natur. Wälder tun unserer Seele gut. Im Wald finden wir jene Ruhe, die unser Gehirn zur Regeneration braucht. Wälder sind Wasserspeicher, Heimat für viele Tier- und Pflanzenarten, und sie sind wichtig als Klimamaschine. Sie sind ein Spiegel für Lebensvielfalt.

Die großflächige Abholzung des Waldes in Tibet stimmt mich tieftraurig. Nicht nur für die Region, sondern vor allem für die Menschen, die dort leben. Die Abholzung des tibetischen

Hochplateaus wird den Einfallswinkel von Schnee in unsere Atmosphäre ändern (bewaldete Regionen absorbieren mehr Sonnenstrahlung), und dies wiederum beeinflusst den Monsun, nicht nur in Tibet, sondern in der ganzen Region. Deshalb wird es immer wichtiger, Tibets Umwelt zu schützen.

Die Umweltzerstörung in Tibet zeigt deutlich, dass den chinesischen Kommunisten in ihrer Ideologie das fehlt, was in unserer tibetischen Kultur Interdependenz heißt oder universelle Verantwortung. Mich überrascht das auch deshalb, weil Kommunisten so gerne die »Internationale« singen (*lacht wieder*). Keine Nation kann heute ihre Probleme allein lösen.

Zwischenruf, lieber Freund! In den USA regiert Präsident Trump nach dem Motto »America first« und »Make America great again«. Ist dieses Motto in den Zeiten der Globalisierung noch zeitgemäß?

Wenn der Präsident sagt »America first«, macht er seine Wähler glücklich. Das kann ich verstehen. Aber aus globaler Sicht ist diese Aussage nicht relevant. In der globalen Welt hängt heute alles mit allem zusammen. Amerikas Zukunft hängt auch von Europa ab, und Europas Zukunft auch von den asiatischen Ländern. Die neue Realität ist, dass alles mit allem verbunden ist. Die USA sind die führende Nation der freien Welt. Deshalb sollte der US-Präsident mehr über Probleme, die die ganze Welt betreffen, nachdenken.

Müsste ein zeitgemäßes Thema nicht heißen: »Make the planet great again«?

Sicher! Die USA sind noch immer sehr mächtig. Das Motto früher Bewohner Amerikas war »Frieden, Freiheit und Demokratie«. Das totalitäre System hat keine Zukunft. Die USA sollten sich als Führungsmacht eng mit Europa verbünden. Ich bin wie gesagt ein Bewunderer der Europäischen Union, sie ist ein großes und vorbildliches Friedensprojekt. Leider hat Präsident Trump den Austritt der USA aus dem Pariser Klimaabkommen verkündet. Dafür hat er sicher seine Gründe. Aber ich unterstütze diese Gründe nicht. Die EU sollte auch Vorbild beim Klimaschutz werden. Jede und jeder sollte Klimaschützer werden. Dieses Ziel erreichen wir jedoch nicht durch Egoismus und Nationalismus, sondern nur indem wir das Bewusstsein fördern, dass wir Menschen alle eins sind.

Sie schlagen vor, Bäume für die Zukunft und für den Frieden zu pflanzen. Warum ist das so wichtig?

Die Bäume sind seit jeher unsere Begleiter, und sie bleiben auch weiterhin essenziell für uns.

Sie reinigen die Luft, die wir zum Atmen brauchen, und bieten Lebensraum und Schutz für Insekten und Vögel. Sie tragen zum regelmäßigen Regen bei, der die Nutzpflanzen und -tiere speist und für das Klimagleichgewicht sorgt. Sie sorgen für eine attraktive Landschaft, ansprechend für das Auge und beruhigend für den Geist, und beleben dauerhaft ihre Umgebung. Wenn man es richtig macht, sind sie auch eine Quelle ökonomischen Wachstums.

Im Buddhismus werden die Bäume oft direkt mit den wichtigsten Stationen in Buddhas Leben in Verbindung gebracht. Als Buddha geboren wurde, hielt sich seine Mutter an einem Baum fest. Er erlangte Erleuchtung, während er unter einem Baum saß, und als er starb, waren die Bäume über ihm Zeuge. Nach dem klösterlichen Kodex werden die ordinierten Mönche dazu angehalten, die Bäume nicht nur nicht zu stutzen, sondern vor allem sie zu pflanzen und zu pflegen.

Deshalb ist es in unserem eigenen Interesse, Bäume und Blumen zu pflanzen, an den Orten, wo wir leben, arbeiten und lernen genauso wie um Krankenhäuser herum und an Wegen und Straßen.

In den tibetischen Klöstern in Tibet und Japan wurden in den letzten Jahrzehnten Baumplantagen angelegt. Das verbindet Hilfe für andere mit dem Schaffen einer besseren

Umwelt und eines glücklicheren Ortes. *(Lesen Sie dazu auch das Umwelt-Gedicht des Dalai Lama im Anschluss an dieses Interview.)* Um wirklich Verantwortungsgefühl für die Gemeinschaft zu erlangen, muss man sich erst für sein eigenes Zuhause verantwortlich fühlen.

Das Bedürfnis nach Natur und Grün ist tief in uns verwurzelt. Menschen lieben so sehr das Grün, dass sie in unserer Zeit in Großstädten immer mehr Wälder pflanzen und sogar Bäume auf den Dächern. Wenn du Zeit im Wald verbringst und die Vögel singen hörst, fühlst du dich innerlich gut. Die Heilkraft der Wälder wird immer wichtiger. Sind wir von künstlichen Dingen umgeben, ist es schwerer, friedvoll zu bleiben. Als ob wir selbst künstlich geworden wären, entwickeln wir Heuchelei, Argwohn und Misstrauen. In diesem Zustand ist es schwer, echte warmherzige Freundschaft zu entwickeln. Wir alle haben das Bedürfnis, von Leben umgeben zu sein. Wir brauchen um uns herum Leben, das wächst und blüht und gedeiht. Weil wir als soziale Wesen auch wachsen, blühen und gedeihen wollen. Wir lieben alle unsere Technologie. Aber unsere Beziehung zu Pflanzen und Natur ist auf unzertrennbare Weise sehr alt und sehr tief. Buddhistische Wirtschaftsethik umfasst nicht nur das menschliche Leben, sondern *alles* Leben, auch Tiere und Pflanzen.

Denken Sie, dass Sie eines Tages nach Tibet zurück-
kehren werden?

China ist eine große alte Nation – aber sein politisches System ist totalitär, nicht freiheitlich.
Ich bin glücklich, hier in Indien zu leben bis an
mein Lebensende. Ich genieße die Freiheit hier
und fühle mich der alten indischen Kultur verpflichtet, die menschliche Werte und die Har-
monie zwischen den Religionen achtet und
fördert.

Würde Buddha in unsere Welt zurückkehren und
sollte er sich einer politischen Partei anschließen,
dann wäre er sicher ein Grüner, sagen Sie. Was
macht Sie so sicher?

Buddha und wir Buddhisten haben eine große
Achtung vor der Natur und vor der Evolution.
Wir wissen, dass die Natur uns Menschen
nicht braucht, wir aber die Natur. Wenn ich
mir die heutige weltweite Ausbeutung der Natur anschaue, dann denke ich: Ohne Menschen
ginge es der Erde besser (*lacht wieder*).

Welche politische Partei würden Sie unterstützen?

Was mich anbelangt, zögere ich nicht, Umweltinitiativen zu unterstützen. In Europa würde
ich für die grünen Parteien stimmen, weil das

Umweltproblem eine Frage unseres Überlebens ist. Dieser schöne blaue Planet ist unser einziges Zuhause. Er bietet Lebensraum für eine einmalige und vielfältige Gemeinschaft. Den Planeten pfleglich zu behandeln, heißt auch, unser eigenes Zuhause zu pflegen.

ETHIK IST WICHTIGER ALS RELIGION

Lassen Sie uns noch etwas ausführlicher darüber sprechen: Warum würden Sie Grün wählen?

Weil sie eine ähnlich naturfreundliche Philosophie vertreten wie wir Buddhisten. Über tausend Jahre ist für uns Tibeter die Natur heilig. Auf dem hohen Plateau, auf dem wir im Himalaya leben, versuchen wir, im Geiste des Buddhismus, in Frieden mit der Natur, geschützt durch unsere Berge, ohne Gewalt und im Mitgefühl mit allen Lebewesen zu leben. Die Natur ist heilig für uns. Die Natur ist unser wahres Zuhause. Wir Menschen kommen von der Natur. Wir können ohne Religion leben, aber nicht ohne die Natur. Deshalb sage ich ja auch, dass Umweltethik wichtiger ist als Religion. Wenn wir weiter die Natur zerstören, wie wir es heute tun, werden wir nicht überleben. Das ist ein Naturgesetz, das wir akzeptieren müssen. Die Menschheit wird schrecklich leiden, wenn wir das nicht lernen: eine saubere Umwelt ist ein Menschenrecht wie andere Menschenrechte auch. Unsere Verantwortung gegenüber allen fühlenden Lebewesen erfordert, dass wir unseren Kindern und Enkeln eine Welt hinterlassen, die mindestens so intakt ist, wie wir sie bei unserer Geburt vorgefunden haben.

Es gibt Grenzen dessen, was wir tun dürfen, aber keine Grenze für unsere universelle Verantwortung.

Was tun Sie selbst für die Umwelt und für das Klima?

Sowohl auf der persönlichen als auch auf der familiären Ebene müssen wir ein tieferes Bewusstsein für unser Handeln und die daraus resultierenden Konsequenzen schaffen. Ganz gleich ob es um den Verbrauch von Wasser oder die Entsorgung von Müll geht: Der Schutz und die Bewahrung unserer Umwelt müssen ein selbstverständlicher Bestandteil unseres alltäglichen Lebens sein. Das ist der richtige Weg, und er kann nur durch Aufklärung erreicht werden.

Ich selbst esse wenig Fleisch. Ich mache das Licht aus, wenn ich mein Zimmer verlasse. Ich dusche, anstatt zu baden, und ich ermuntere andere Menschen, dasselbe zu tun.

Herrn Bahuguna, einem indischen Umweltschützer, versprach ich, über den Erhalt der Umwelt zu sprechen. Wenn ich in den Transhimalaya von Ladakh nach Arunachal in Indien reise, fordere ich die Leute dort auf, Bäume zu pflanzen, damit ihr Land später nicht unfruchtbar wird. Bäume sorgen für grüne Landschaften und bringen Frieden und Seelenglück in unseren Alltag.

VEGETARISMUS HILFT DEM KLIMA

1965 wurden Sie Vegetarier. Leben Sie seither vegetarisch, und wenn ja, warum?

Das stimmt, 1965 wurde ich radikaler Vegetarier – keine Eier, nichts. Aber stattdessen aß ich ständig große Mengen an Sahne und Nüssen, und nach zwanzig Monaten hatte ich Probleme mit meiner Gallenblase und bekam Gelbsucht. Meine Haut, Augen, Nägel – alles wurde gelb. Meine Ärzte rieten mir, zu meiner ursprünglichen Diät zurückzukehren. Ich sollte wieder etwas Fleisch essen, was ich jetzt etwa ein- oder zweimal die Woche tue. Somit bin ich ein kleiner Widerspruch, sage als Nichtvegetarier Leuten, sie sollten sich vegetarisch ernähren.

Dennoch habe ich mich ganz am Anfang, als ich in Tibet lebte, sehr dafür eingesetzt, vegetarisches Leben in der tibetischen Gesellschaft zu fördern. Am Ende der Vierzigerjahre des zwanzigsten Jahrhunderts wurde in Tibet bei offiziellen Festlichkeiten ausschließlich vegetarisches Essen gereicht. Es wurden sogar Kampagnen für Vegetarismus in den Gemeinden gestartet. In Indien haben die meisten tibetischen klösterlichen Einrichtungen damit begonnen, ihren Mönchen und Nonnen vegetarisches Essen zu reichen.

Der Buddhismus verbietet nicht, Fleisch zu essen. Doch es geht um das Wie des Tötens und auch um das Wieviel. Der Buddhismus sagt, dass zum Essen keine Tiere getötet werden sollten. Aber unsere Einstellung zum Vegetarismus ist etwas kurios. Tibetische Buddhisten können Fleisch kaufen, aber sie sollen keine Tiere töten.

Besonders besorgniserregend finde ich die Massentierhaltung. Wir Menschen können weitgehend ohne Fleisch oder mit wenig Fleisch leben. Und vor allem ohne Tierleid – besonders in unserer modernen Welt, wo wir viele Alternativen haben, vor allem Obst und Gemüse. Inzwischen gibt es sogar Fleisch aus Gemüse, zum Beispiel aus Erbsen und Roter Bete, aus Kartoffeln und Kokosnüssen. Massentierhaltung hat fatale Folgen, nicht nur für die Tiere, sondern auch für die Gesundheit der Menschen, für Böden, Insekten und Luft.

»Kurios«, wie Sie sagen, ist auch die Einstellung der meisten Christen im Westen zum Thema

Fleisch. Auch ich bin nur ein Fünfundachtzig-Prozent-Vegetarier. Auch mein Arzt empfiehlt mir, aus gesundheitlichen Gründen etwa einmal pro Woche Fleisch oder Fisch zu essen. Wenn wir die Tiere, die wir essen, selbst schlachten müssten, wären wohl sehr viele von uns strikte Vegetarier. Auch das ist ziemlich kurios. Fleischkonsum und Tierhaltung verursachen global etwa so viele Treibhausgase wie alle Autos, Flugzeuge, Züge und Schiffe zusammen. Außerdem sagt der Umweltmediziner Professor Hans-Peter Hütter von der Medizinischen Universität Wien: »Fleisch spielt eine entscheidende Rolle bei der Entstehung von Darmkrebs und Kreislauferkrankungen. Ein geringerer Fleischkonsum reduziert das eigene Krankheitsrisiko erheblich, bringt viele Vorteile für Umwelt und Klima und tut nicht wirklich weh. Eine Win-win-Situation.« Was ich esse, hat Auswirkungen auf uns alle. Wie stehen Sie zum Jagen und Fischen als Sport?

Töten als Sport lehnen wir Buddhisten ab. Ich unterstütze diejenigen Gruppen und Menschen, die sich auf der ganzen Welt für Tierrechte und für besseren Tierschutz einsetzen. Es ist traurig, dass Milliarden von Tieren für den Zweck der menschlichen Nahrung getötet werden.

Ich habe mal in Japan eine Geflügelfarm mit zweihunderttausend Hennen besucht. Sie wurden nur deshalb in kleinen Käfigen gefangen gehalten, um zwei Jahre lang Eier zu produzieren. Danach wurden sie zum Schlachten verkauft. Das war schockierend. Wir sollten diejenigen unterstützen, die gegen solche unwürdigen Geschäfte und gegen ein solches Tierelend kämpfen. Es ist auch für uns sehr gefährlich und oberflächlich, das Leid der Tiere einfach zu verdrängen und zu vergessen. Was wir heute Tieren antun, kann uns selber treffen. Vielleicht werden wir eines Tages niederknien und die Tiere um Verzeihung bitten. Ich denke an einige tibetische Metzger oder auch an japanische Fischer, die die Tiere, die sie töten, um Verzeihung bitten und für sie beten. Die Art und Weise, wie wir heute die Massentierhaltung mechanisiert haben, lehne ich ebenfalls ab.

Weltweit steigt der Fleischkonsum. Dafür müssen Milliarden von Tieren getötet werden. Der massenhafte Anbau von Tierfutter, das danach um die halbe Welt gekarrt wird, belastet das Klima sehr stark. Halten Sie es für denkbar, dass der weltweite Fleischkonsum wieder sinkt? Und wie soll das gehen?

In einigen Ländern sinkt er ja bereits. Ich treffe überall junge Leute, die nach Alternativen zum brutalen Fleischkonsum suchen. Die neue fleischlose Bewegung in den USA nennt sich »Beyond Meat«. Immer mehr Konsumenten wollen ihren Fleischkonsum reduzieren, damit das Klima schützen, aber auch das Leid in der

Massentierhaltung lindern. Es gibt jetzt vegetarische »Hamburger« (*lacht*).

Das hieße aber, dass wir westlichen Menschen lernen müssten, wenigstens ein bisschen loszulassen? Ist Loslassen das Herz größerer ökologischer Gerechtigkeit?

Ja, so kann man es sagen. Loslassen vom Überschuss ist das Herz geistigen Wachstums. Stellen Sie sich mal vor, was wir Gutes erreichen könnten, wenn die USA ihren Militäretat nur halbieren würden. Das wären dann Jahr für Jahr über dreihundert Milliarden Dollar für ökologische Projekte wie die solare Energiewende oder für die Überwindung des Hungers in den armen Ländern. Verteidigung der Zukunft anstatt gefährliche militärische Hochrüstung. Das könnten tatsächlich der Beginn und die Energie für ein ökologisches Zeitalter sein. Der »Verzicht« wäre eine Befreiung.

Leo Tolstoi hat gesagt: »Solange es Schlachthöfe gibt, wird es Schlachtfelder geben.« Können Sie dieser Erkenntnis zustimmen? Sehen Sie auch diesen Zusammenhang zwischen Massentierhaltung und Gewalt zwischen Menschen?

Diesen Zusammenhang gibt es. In allen Religionen kennen wir dieses geistige Gesetz: »Du kannst nur ernten, was du säst.« Wir haben von Natur aus eine innere Hemmung, zu töten. Wir spüren vor allem, dass es nicht richtig ist, anderen fühlenden Lebewesen Schmerz zuzufügen. Wenn wir beim Töten von Tieren unser Gewissen verrohen lassen, verroht es auch zur Gewalt gegen Menschen. Und führt gar zum Töten von Menschen.

»Wer sich verwandelt, verwandelt die Welt«, sagen Sie. In westlichen Gesellschaften kümmert man sich hauptsächlich um die heutigen Generationen. Die früheren Generationen gibt es nicht mehr, und die künftigen Generationen gibt es noch nicht. Und an Wiedergeburt glaubt im Westen nur eine Minderheit. Welche Chance haben in dieser Situation dann der Umweltschutz und der Klimaschutz?

Wie schon gesagt: Der Wiedergeburtsglaube kann helfen bei der Bewahrung der Umwelt. Wir dürfen die jungen Leute nicht allein lassen bei ihrem Kampf um ein gutes Klima. Wichtig ist, dass wir jetzt weltweite Solidarität mit den jungen Menschen organisieren und öffentlich deutlich machen. Alle und alles müssen sich ändern, wenn wir in einem lebensverträglichen Klima leben wollen. Unsere Generation hat das Klima beschädigt, also müssen wir auch helfen, es zu retten.

Seit vielen Monaten demonstrieren in über hundert Ländern Hunderttausende junge Menschen für mehr und besseren Klimaschutz. Geben Ihnen diese jungen Demonstranten Hoffnung?

Die jüngere Generation, die diese Erde erben wird, trägt eine große Verantwortung: Sie muss von der Vergangenheit lernen und gleichzeitig vermeiden, deren Fehler zu wiederholen. Aber sie hat die Fähigkeit und die Möglichkeit, zu handeln und eine mitfühlendere Welt zu schaffen. Das zwanzigste Jahrhundert sah riesige Zerstörungen, menschliches Leid und noch nie da gewesene Umweltschäden. Ich fordere sie auf, das einundzwanzigste Jahrhundert zu einem Jahrhundert des Dialogs und des Mitgefühls zu machen, einschließlich der Umweltproblematik. Wir brauchen eine Revolution des Mitgefühls, die auf Warmherzigkeit beruht, auf der Sorge um das Wohlergehen der anderen und auf Respekt vor deren Rechten.

Eure Heiligkeit, lieber Freund! Ich danke Ihnen ganz herzlich für diese Gedanken, die wir seit Jahrzehnten miteinander austauschen. Sie werden vielen Menschen helfen zu verstehen, dass unser einundzwanzigstes Jahrhundert das Jahrhundert werden muss, in dem die globalisierte Menschheit Wege zur universellen Verantwortung findet. Ich habe von Ihnen gelernt, dass jeder einzelne Mensch sein eigenes Stück universeller Verantwortung übernehmen kann und muss, wenn wir eine bessere Welt wollen. Innerer Frieden, Liebe und Mitgefühl sind dabei die wichtigsten Energien, die auch zu äußerem Frieden führen werden. Und zum Frieden mit der Natur.

Jedes Mal, wenn der Dalai Lama und ich uns verabschieden, legt er mir eine *Kata*, einen Glücksschal aus weißer Seide mit den traditionellen Glückszeichen, um den Hals, nimmt meinen Kopf zwischen seine Hände, unsere Stirne und Nasen berühren sich in Freundschaft, wir umarmen uns lange und spüren, dass Liebe und Frieden und Gerechtigkeit unter uns Menschen möglich sind. Der Geist ist es, der dem Frieden, der Gerechtigkeit und der Freundschaft Kraft verleiht.

DAS UMWELT-GEDICHT
DES DALAI LAMA

Während meiner zahlreichen Reisen in verschiedene Länder der Welt bin ich Zeuge sowohl des Glücks als auch des Leids der Menschen geworden. Obwohl das heutige Zeitalter der Wissenschaft und Technologie viele Fortschritte aufweist, was zum Beispiel die Errichtung von Gebäuden und dergleichen angeht, haben diese das ökologische Gleichgewicht unserer Umwelt – die Grundlage allen Lebens auf der Erde – stark beeinträchtigt.

In der Vergangenheit führten die Tibeter im Land des Schnees unter natürlichen Bedingungen und frei von den Schäden der Umweltverschmutzung ein glückliches Leben. Heutzutage aber wird die ganze Welt – einschließlich Tibets – schnell von dem großen Ausmaß der ökologischen Zerstörung eingeholt. In bin fest davon überzeugt, dass – wenn wir uns nicht alle bemühen, uns ausführliche Gedanken um die kurzfristigen und langfristigen Auswirkungen des gegenwärtigen Zustands zu machen und persönliche Verantwortung für unsere Situation zu übernehmen –, unsere Welt und die Lebewesen darin Gefahr laufen, nach und nach den unwiderruflichen Zusammenbruch zu erleben.

Mit den folgenden Versen unterstreiche ich meine tiefe Besorgnis und rufe alle Menschen dazu auf, weitere Anstrengungen zu unternehmen, den Zerfall der Welt und ihrer Lebewesen aufzuhalten und die Ökosysteme wiederherzustellen.

Die Verse habe ich, der buddhistische Bhikshu Tenzin Gyatso und 14. Dalai Lama, verfasst. Sie wurden dem buddhistischen Kalender entsprechend im Jahr 2537, dem westlichen Kalender entsprechend am 2. Oktober 1993, anlässlich der Enthüllung einer Buddha-Statue für das indische Volk sowie anlässlich der Internationalen Konferenz über Ökologische Verantwortung in Delhi, veröffentlicht.

Der Schützende Baum – Gedanken eines buddhistischen Mönches über unsere ökologische Verantwortung

1
O unvergleichlicher Ikshvaku*, der Du die allgegenwärtige Wechselbeziehung von Umwelt, Lebewesen, Daseinskreislauf, Nirwana, dem Belebten und dem Unbelebten erkennst und es voller Zuneigung und Mitgefühl der Welt vermittelst, bitte gewähre uns alles Gute.

---

* *Ikshvaku* ist der Name einer indischen Dynastie, der auch der Buddha angehörte. Hier ist *Ikshvaku* jedoch eine Bezeichnung für Buddha.

2

O göttliches Wesen, der Du den Namen Avalokiteshvara* trägst und die Verkörperung der großen Zuneigung aller Buddhas bist, inspiriere uns, dass unser Geist sich entwickelt und wir die Wirklichkeit sehen.

3

Aufgrund unserer seit anfangsloser Zeit tief in uns verwurzelten und überaus hartnäckigen Selbstsucht verseuchen und verschmutzen wir unsere von den gemeinsamen Handlungen aller fühlenden Wesen erzeugte Umwelt.

4

Unsere Seen und Teiche haben ihre Reinheit und Kühle verloren, viele giftige Substanzen durchsetzen die Atmosphäre, der natürliche Baldachin der Himmelssphäre reißt auseinander, und bislang unbekannte Krankheiten setzen den Lebewesen zu.

5

Seit jeher emporragende prachtvolle Schneeberge senken ihr Haupt und schmelzen nach und nach dahin. Die Meere geraten aus dem Gleichgewicht und versenken langsam sämtliche Inseln.

---

*Avalokiteshvara ist der Buddha des Mitgefühls.

6

Die Gefahren von Feuer, Wasser und Wind kennen keine Grenzen: Sengende Hitze lässt üppige Wälder verdorren, die Ozeane verlieren an Wirksamkeit, und gerodete Gebiete ermöglichen noch nie da gewesene Stürme.

7

Obwohl es der Menschheit nicht an Reichtum fehlt, kann sie es sich nicht leisten, saubere Luft zu atmen. Regen und Flüsse verlieren ihre reinigende Kraft und werden zu ausgelaugten Flüssigkeiten.

8

Von verschiedensten Krankheiten geplagt, sind die an Land und im Wasser lebenden Bewohner dieser Erde körperlichem Leid ausgesetzt. Ihr Geist ist von Trägheit, Traurigkeit oder Verwirrung überwältigt, ein Wohlbefinden in Körper und Geist ist selten geworden.

9

Künstliche Schadstoffe werden im Übermaß benutzt. Beeinflusst von Gier nach unmittelbarem Gewinn werden dichte Wälder abgeholzt und damit die Fruchtbarkeit des Erdbodens zunichtegemacht.

10

Dass die äußere Welt und das Innere des Menschen durch gegenseitige Wechselwirkung miteinander verbunden sind, wird in den Schriften des Tantra, der Heilkunde und der Astrologie erklärt und durch unsere heutige Erfahrung bestätigt.

11

Die Erde war Zeuge, als der Buddha mit der Stimme der Wahrheit sprach: »Die Heimat aller Lebewesen ist die Erde, sie ist ausgewogen und unvoreingenommen gegenüber dem Lebendigen und Nicht-Lebendigen.«

12

So wie jene, die ein gutes Wesen haben, der Zuneigung der eigenen Mutter gewahr sind und sich dafür erkenntlich zeigen, so sollten wir Mutter Erde, die unvoreingenommen und völlig ausgewogen ist, Wertschätzung und Fürsorge entgegenbringen.

13

Lasst uns davon absehen, unsere aus den vier Elementen* bestehende Umgebung, die von Natur aus sauber und rein ist, sinnlos zu verschwenden, zu verseuchen und zu verunrei-

---

*Die vier Elemente sind Erde, Wasser, Feuer und Wind.

nigen und somit das Wohlergehen von Menschen und Tieren zu zerstören – stattdessen lasst uns zum Nutzen aller handeln.

14
Der vortreffliche Buddha wurde unter einem Baum geboren, unter einem Baum überwand er die inneren negativen Kräfte und erlangte die Erleuchtung. Und unter zwei Bäumen verstarb er. Der Buddha schätzte somit die Bäume sehr.

15
Der Ort, an dem Manjushri* als Lama Tsongkhapa** in der Form eines Meisters mit besonderen Merkmalen und Zeichen erschien, wird von einem Sandelholzbaum gekennzeichnet, der hunderttausend Abbilder des Buddhas trägt.

16
Ist nicht auch allgemein bekannt, dass viele überweltliche Gottheiten der Weisheit sowie kraftvolle weltliche Gottheiten und Nagas, die bestimmte Orte beschützen, in den Bäumen leben?

---

*Manjushri ist der Buddha der Weisheit.

**Tibetischer Buddhismus kann in vier Traditionen unterteilt werden: 1) Nyingma, 2) Kagyu, 3) Sakya und 4) Gelug. Lama Tsongkhapa (1357–1419) war der Gründer der Gelug-Tradition, der auch Seine Heiligkeit der Dalai Lama angehört.

17

Gesunde Bäume reinigen die Luft und helfen
uns, die Luft des Lebens zu atmen, sie erfreu-
en das Auge und den Geist, ihr wohltuender
Schatten bietet einen Ort der Erholung.

18

In den Vinaya-Schriften* lehrte Buddha die
Mönche und Nonnen, wie sie junge Bäume
pflegen sollten. Durch diese Unterweisungen
wird die vortreffliche Tugend des Pflanzens
und Pflegens von Bäumen erkennbar.

19

Der Buddha untersagte den Mönchen und
Nonnen, Bäume zu fällen, andere dazu zu
bringen, sie zu fällen, Samen zu zerstören oder
frisches Gras zu verschmutzen. Es ist daher
unerlässlich, dass wir unsere Umwelt beschützen.

20

Es heißt, dass die Bäume im göttlichen Bereich
durch den Segen Buddhas die grundlegenden
Lehren, wie die Lehre der Unbeständigkeit,
wiedergeben.

---

*Die Vinaya-Schriften bezeichnen die Schriften Buddhas, die
die Verhaltensrichtlinien buddhistischer Praktizierender wie
zum Beispiel buddhistischer Mönche und Nonnen darstellen.

21

Bäume bewirken den Regen. Sie halten die Lebenskraft des Erdbodens. Sie sind wie der wunscherfüllende Kalpa-Baum[*], denn sie werden unweigerlich unseren Bedürfnissen gerecht.

22

In Urzeiten aßen unsere Vorfahren die Früchte der Bäume, nutzten ihre Rinde und dergleichen als Kleidung, entdeckten das Feuer durch das Reiben ihres Holzes und suchten Schutz unter ihnen, wenn Gefahren drohten.

23

Selbst im heutigen Zeitalter der Wissenschaft und Technologie versorgen die Bäume uns mit Materialien für Unterkünfte und Gebrauchsgüter. Und wenn durch Streitigkeiten das Feuer der Wut in unserem Herzen auflodert, bewirken sie in uns unverzüglich ein Gefühl der Gelassenheit.

24

Kurz gesagt: Sollten die Bäume, Lebensquelle aller Wesen, irgendwann einmal verschwunden sein, wird unsere Erde, die als »Rosen-

---

[*]Der Kalpa-Baum ist ein mythologischer Baum, von dem man sagt, dass er materielle Wünsche erfüllt.

apfelbaum«* bezeichnet wird, zu einer furcht-
erregenden Wüste.

25

Es gibt nichts, was für die Lebewesen kostbarer
ist als das eigene Leben. Darum untersagte der
Buddha in den Vinaya-Regeln die Nutzung
von Wasser, das nicht frei von Insekten ist.

26

In Tibet – dem Land des Dharmas und des
Schnees – war es verboten, zu jagen, zu fischen
und wahllos zu bauen.Dies war eine gute Tradition, die das Leben wehrloser, schutzloser
und schwacher Tiere beschützte.

27

Das Jagen, Fischen und dergleichen, das nur
der eigenen Unterhaltung dient, sind Tätigkei-
ten, die bedenkenlos dem Leben anderer Gewalt antun und die Lebewesen ihrer grundlegenden Rechte berauben.

28

Darum sollten wir stets erwägen, auf welche
Art und Weise die Umwelt und die Lebewesen
darin voneinander abhängig und miteinander

---

*Buddhistischer Kosmologie entsprechend heißt unsere Welt
»Jampudvipa« oder »Planet des Rosenapfelbaums«.

verbunden sind. Auch sollten wir nicht nach-
lassen in unseren Bemühungen, das ursprüngliche Potenzial der Natur zu schätzen und zu
erhalten.

29
Führen wir den Brauch ein, zu bestimmten
Zeiten Bäume zu pflanzen, so leisten wir damit
einen sinnvollen Beitrag. Wir erweisen den
Lebewesen gute Dienste und bewirken sowohl
unser eigenes Glück als auch den Nutzen der
anderen.

30
Kraft unserer Anstrengung, Schädliches zu
vermeiden und Nutzbringendes zu tun, möge
für die Umwelt und die Lebewesen darin alles
Gute stetig gedeihen und mögen das Glück
und der heilsame Nutzen üppiger Wälder sich
in alle Richtungen ausbreiten.

FÜR EIN SOLARES ZEITALTER – NACHWORT VON FRANZ ALT

ÖKONOMIE UND ÖKOLOGIE VERSÖHNEN

Der Klimawandel kommt nicht, er ist bereits da. Es ist Zeit, der Realität ins Auge zu schauen. Diese ist zwar kompliziert, aber nicht hoffnungslos. Spätestens seit der Aufklärung vor etwa dreihundert Jahren, seit der »Entideologisierung« der Welt, seit die Philosophie nicht mehr die »Magd der Theologie« (*ancilla theologiae*) ist, basiert unser westliches Kulturmodell auf naturwissenschaftlicher Erkenntnis – so glauben wir es zumindest. Weshalb aber warnen dann Wissenschaftler weltweit und jahrelang vor dem Klimawandel, ohne damit in Politik und Gesellschaft tatsächlich Gehör zu finden oder gar entsprechendes Handeln zu bewirken? Warum reicht die Aufklärung im traditionellen Sinn nicht für unsere Rettung? Wir brauchen eine neue Aufklärung, eine zweite, tiefer gehende Aufklärung, um wenigstens noch das Schlimmste zu verhindern.

Der Dalai Lama zeigt in diesem Buch sehr klar, dass unsere heutige Umweltkrise eine »Innenwelt-Krise« ist. Wir glauben, dass wir tun, was wir wissen. Doch wir tun nicht wirklich, was wir wissen. Die Vorstellung, dass allein Rationalität uns retten wird, ist ziemlich irrational. Allein mit dem Verstand kommt der Mensch nicht zur Vernunft. Wir sind Weltmeister im Verdrängen. Einige wissen allerdings auch, was sie tun.

Viele haben zudem Angst vor den notwendigen Veränderungen. Manchmal freilich stimmen Politiker auch aus Angst für die notwendigen Veränderungen. Erst die Angst vor Hautkrebs führte zum FCKW-Verbot. Die Angst vor dem Waldsterben brachte unserer Automobilindustrie den Drei-Wege-Katalysator. Die Lobbyisten der alten Energiewirtschaft haben schlicht Angst um ihre Pfründe. Auch Politiker wissen um ihre Abhängigkeit von den Großkonzernen, und viele Bürgerinnen und Bürger fliegen, fahren Autos und essen sich krank mit viel Fleisch, obwohl sie wissen, was sie damit sich und der Umwelt sowie der Zukunft ihrer Kinder antun. Ist die Wahrheit uns Menschen tatsächlich zumutbar? Reicht dafür die klassische, rein rationalistische Aufklärung?

Konservative und religiöse Menschen vertrauten über Jahrtausende der Weisheit der Natur. Doch dieses Vertrauen wird in den Zeiten der Klimaerhitzung und des Artensterbens zunehmend erschüttert. Die Natur spielt nicht mehr mit, sie spielt eher verrückt, sie hat Fieber, und sie streikt. Wir sind gerade dabei, unseren uralten Vertrauensgefährten – die Natur als Quelle unseres Reichtums und Glücks – zu verlieren. Zunächst aber sollten wir wenigstens begreifen, dass wir ja gar nicht das Klima als solches retten wollen, sondern – ganz egoistisch – uns selbst.

Hierfür muss es uns durch eine zweite Aufklärung so rasch wie möglich gelingen, Religion und Philosophie, Natur und Vernunft, Freiheit und Verantwortung zusammenzudenken. Das ist, was wir in diesem Buch »Öko-Spiritualität« nennen. Der Dalai Lama spricht auch von »Herzensbildung«. Wenn wir diese Interdependenz nicht verstehen, wird unsere Freiheit bald in Unfreiheit enden. Die Klimaerhitzung produziert diese schon heute in vielfacher Weise, zum Beispiel für Flüchtlinge oder für Bauern, die ihr Land an die Wüste verlieren, oder für ältere Menschen, die – auch in Europa – durch Hitzesommer wie die von 2003 und 2018 sterben mussten. Allein im Jahr 2003 sind es laut EU-Statistik etwa 60 000 Menschen. In Indien, wo die Hitze im Sommer 2019 auf unerträgliche fünfzig Grad und mehr stieg, starben Tausende ältere Menschen an Überhitzung. Es ist immer wieder verblüffend, wie schwer sich gerade Konservative tun, diese Zusammenhänge zu verstehen. Dabei ist es doch eine zentrale Aufgabe der Konservativen, die Schöpfung zu bewahren. Ach, wären die Konservativen doch wirklich konservativ!

Nach der Aufklärung glaubten viele Intellektuelle, wir könnten uns nicht nur von unserer selbstverschuldeten Unmündigkeit emanzipieren, sondern auch von der Natur. Wir raubten in gerade mal dreihundert Jahren der Natur die Rohstoffe, die sie in Millionen von Jahren angesammelt hatte, bliesen den Abfall in die Luft und füllten die entstandenen Riesenlöcher mit Unmengen von Müll. Die heutigen Ökonomen nennen das Fortschritt. Und nun?

ES GIBT KEINE MATERIE

Seit dreihundert Jahren glauben die Ökonomen, Geld sei die Basis allen Wirtschaftens. Es ist jedoch die Natur, die diesen Namen verdient und die Basis der Ökonomie bildet. Auf einer toten Erde zu wirtschaften macht wenig Sinn und bringt auch keine Jobs.

Ökonomie und Ökologie kommen beide vom griechischen Wort *oikos* für »haushalten«. Die Herrschaft des Geldes ist die Hauptkrankheit unserer Zeit. »Der Versuch, die Zahlen von den Werten zu trennen, führt zur totalen Herrschaft der Zahlen«, schreibt der Begründer der »Gemeinwohl-Ökonomie«, Christian Felber.

Und weiter: »Die Trennung von Ökonomie und Ökologie ist einer der größten Sündenfälle der Wirtschaftswissenschaft.«

Die Vermehrung des Geldes macht die Welt nicht reicher. Die brutalste Armut haben wir dadurch geschaffen, dass wir in den letzten fünfzig Jahren etwa die Hälfte aller Arten im Tier- und Pflanzenreich ausgerottet haben. Mehr Geld, aber weniger Reichtum an Leben: Gegenüber dieser Irrsinns-Ökonomie ist die Theologie beinahe eine exakte Wissenschaft. Die heutigen Ökonomen müssen lernen, ihre Wissenschaft in einen breiteren, ganzheitlichen Zusammenhang zu stellen. Der Klimaforscher und Physiker Joachim Schellnhuber drückt dieselbe Erfahrung in einem Interview mit dem Autor so aus: »Wenn ich mit einem Ökonomen spreche, das ist für einen Physiker die Höchststrafe …«

Eine Zukunft kann es nur geben, wenn wir in der Gegenwart lernen, die größten Fehler der Vergangenheit zu vermeiden. Nur dann werden wir in der wirklichen Wirklichkeit ankommen. Oder in der göttlichen Ordnung.

In der Sprache der Religion ist Gott identisch mit Geist, so lehrt es uns das Johannes-Evangelium. Ganz in diesem Sinne sagt der Nobelpreisträger Max Planck in seiner Rede über »Das Wesen der Materie«: »Als Physiker, also als Mann, der sein ganzes Leben lang der nüchternen Wissenschaft, der Erforschung der Materie, diente, bin ich sicher vom Verdacht frei, für einen Schwarmgeist gehalten zu werden. Und so sage ich nach meinen Erforschungen des Atoms Folgendes: Es gibt keine Materie an sich! Alle Materie besteht und entsteht nur durch eine Kraft, welche die Atomteilchen in Schwingung bringt und sie zum winzigsten Sonnensystem des Atoms zusammenhält. Da es im ganzen Weltall aber weder eine intelligente noch eine ewige (abstrakte) Kraft gibt …, so müssen wir hinter dieser Kraft einen bewussten, intelligenten Geist annehmen. Nicht die sichtbare, aber vergängliche Materie ist das Reale, Wahre, Wirkliche, sondern der unsichtbare, unsterbliche Geist ist das Wahre. Da es aber Geist an sich nicht geben kann und jeder Geist einem Wesen zugehört, so müssen wir zwingend Geistwesen annehmen. Da aber auch Geistwesen nicht aus sich sein können, sondern geschaffen worden sein müssen, so scheue ich mich nicht, diesen geheimnisvollen Schöpfer ebenso zu nennen, wie ihn alle alten Kulturvölker genannt haben – Gott!«

Der frühere Direktor des Max-Planck-Instituts in München, der Physiker Hans-Peter Dürr, argumentiert in seinem Buch *Es gibt keine Materie* ähnlich wie Max Planck. »Kurz vor seinem Tod stieg ich mit ihm noch auf die Akropolis in Athen. Dabei hatte er schon star-

ke Atemnot. Umgeben von der vielen Stein-
und Felsen-Materie der Akropolis sagte ich zu
dem weltberühmten Physiker: ›Das alles hier
ist doch Materie.‹ – ›Ach was‹, war seine Antwort – zum Entsetzten vieler Marxisten und
Materialisten. ›Das ist alles geronnener Geist.
Geist war, ist und wird immer primär sein.‹«
Die überraschende Erkenntnis eines Naturwis-
senschaftlers.

IN DER TIEFE IST ALLES LEBEN EINS

In Hans-Peter Dürrs Forschungen zeigen sich
verblüffende Parallelen zwischen jüdisch-
christlichem Denken, hinduistisch-buddhisti-
schen Einsichten und neuesten Erkenntnissen
der modernen Quantenphysik. Wir müssen
endlich lernen, Grenzen zu überschreiten, um
scheinbar Unvereinbares zu überwinden. Die
Grenzen des reinen Rationalismus und der
Aufklärung verlaufen an der Oberfläche – in
der Tiefe dagegen ist alles Leben eins. Das sagt
auch der Dalai Lama, der sich dabei unter an-
derem auf den deutschen Physiker Carl Fried-
rich von Weizsäcker beruft.

Wenn wir Gott als die Sonne hinter der
Sonne verstehen, dann ist solares Denken und
Handeln mehr als der rein technische Umstieg
vom fossilen Zeitalter in ein solares Zeitalter.

Der Umstieg zeugt vielmehr von einer neuen, tiefen, ganzheitlichen und reifen Einstellung zum Leben aus göttlicher Substanz. Zehntausende Menschen, die ich in den letzten Jahren auf der ganzen Welt zu dieser Einstellung und Umstellung inspirieren durfte, sagen oder schreiben mir sinngemäß: »Wir haben jetzt ein neues Verhältnis zur Natur und zur Sonne gewonnen – wir schauen nun öfter mal nach oben, und wir verstehen auch, was Jesus in seiner Bergpredigt meinte mit seinem Hinweis: ›Die Sonne des Vaters scheint für alle.‹« Es gibt eben keine RWE- und keine E.on-Sonne, keine Sonne nur für Energiekonzerne.

Dieser Blick nach oben bewirkt bei vielen Sonnenmenschen auch einen Blick nach innen. Sie lernen, über ihre Träume auch einen Zugang zu ihrer Seele zu finden. Sie werden sich durch ihre äußere Energie-Autarkie ihrer inneren Energie-Autarkie bewusst. Und sie erkennen, dass die äußere Energie-Krise das Abbild einer viel tieferen Energie-Krise ist, das Abbild einer seelischen Energie-Krise. Die menschliche Seele aber, so hat es der Schweizer Psychologe Carl Gustav Jung erkannt, »ist die einzige Großmacht auf dieser Welt, die ich anerkenne«.

Wenn wir wirklich wissensbasiert und ganzheitlich, also auch seelenbewusst, handeln würden, hätten wir längst die Treibhausgase reduziert sowie die Energie-, die Ver-

kehrs-, die Wasser- und die Landwirtschafts-
wende nicht nur artikuliert, sondern auch re-
alisiert. Doch wir leben weitgehend in einer
seelenunbewussten Zeit. Das macht uns lern-
resistent und lernunfähig. Erst die Heilung im
Innern kann auch einen Heilungsprozess im
Außen bewirken. Außen wie innen, innen wie
außen – das wussten schon die Mystiker des
Mittelalters.

Über unser »inneres Licht« (Jesus in der
Bergpredigt), über unsere Seele, können wir
ein sonniges Wesen nach außen werden. Und
wir können vielleicht plötzlich erahnen, dass
die wichtigsten Dinge im Leben nichts kosten:
die Freude und Dankbarkeit in uns, ebenso die
Sonne über uns. Doch Freude, Liebe und
Dankbarkeit sind so wenig käuflich wie die
Sonne. Sie sind ein Gottesgeschenk. Wir sollten
sie endlich intelligent nutzen. Dafür sollten wir
unsere Herzen öffnen, ebenso wie wir unsere
Dächer und Hauswände für Solaranlagen zur
Verfügung stellen können, als Landeplätze für
den Geist von oben. So können wir – vielleicht
zum ersten Mal in der Menschheitsgeschichte –
daran mitarbeiten, dass bald kein Kind mehr
verhungern muss und dass die von der Klimakrise erzwungenen Flüchtlingsbewegungen
noch gestoppt werden können. Energiekrise,
Flüchtlingskrise und Klimakrise hängen eng
zusammen. Wenn wir diese Zusammenhänge

sehen, finden wir Lösungen, und aus Krisen entstehen Chancen. Der Schlüssel zur Lösung all dieser Krisen ist die Energiekrise.

Im Oktober 2018 bin ich zu Vorträgen in Mali eingeladen. In Bamako, der Hauptstadt Malis, soll ich auf einer afrikanischen Solarenergie-Konferenz sprechen. Afrika und die Sonne: Welch eine Chance! Auf Einladung des Energieministers fahren wir Referenten in einen 20 000-Einwohner-Bezirk etwas außerhalb der Hauptstadt. Noch vor drei Jahren hatte es dort keinen Strom gegeben. Doch inzwischen haben die Menschen Solaranlagen und Strom. Der Apotheker des Dorfes erzählt mir, dass mithilfe des Solarstroms das Gesundheitsniveau des Dorfes gestiegen sei. Er könne jetzt – im Gegensatz zu früher – viele Medikamente kühlen. In einer Schule lerne ich Kinder kennen, die mir voller Begeisterung erzählen, dass sie jetzt mithilfe von Solarstrom die Spiele des FC Bayern München im Fernsehen verfolgen können. Mütter berichten, dass sie ihre Kinder zur Schule schicken können, weil diese nun am Abend im Schein von Solarlampen Hausaufgaben machen können, was zuvor unmöglich war. Bildung verändert alles. Eine Schneiderin erzählt, dass sie jetzt endlich eine elektrische Nähmaschine habe und die frühere Plackerei mit den Füßen hinter sich lassen konnte. Der Bürgermeister des Dorfes sagt mir:

»Seit wir hier im Dorf Strom haben, denken die jungen Leute nicht mehr an eine Flucht nach Europa.« Solarstorm schafft auch neue Jobs.

Alle Probleme, die von Menschen geschaffen sind, sind auch von Menschen lösbar.

Kurz danach hatte ich einen Vortrag auf der Welt-Windenergie-Konferenz in Karachi, Pakistan. Hier hat die chinesische Firma Goldwind, einer der größten Windradhersteller der Welt, mithilfe deutscher Technologie einen Windpark errichtet, der preiswerten und sauberen Strom für eineinhalb Millionen Menschen in Karachi produziert. Meine pakistanischen Freunde sind voll des Lobs über diesen Fortschritt. Sie sind davon überzeugt, dass ihr Land die komplette Energiewende bis zur Mitte des Jahrhunderts geschafft haben wird.

Karachi und Mali können überall Wirklichkeit werden. Jedes Windrad und jede Solaranlage, jedes Wasserkraftwerk und jede Biogasanlage sind Zeichen des Friedens. Um Sonne und Wind werden nie Kriege geführt.

ABRÜSTEN STATT AUFRÜSTEN

Ist diese Entwicklung auch finanzierbar?, fragen die typisch deutschen Bedenkenträger. Weltweit geben wir heute jedes Jahr etwa 1,6 Billiarden Dollar für Waffen und Militär aus. Dabei folgen wir immer noch dem altrömischen Grundsatz: »Wer den Frieden will, muss den Krieg vorbereiten.« Ergebnis dieses alten Denkens: zweitausend Jahre Krieg, Elend, Zerstörung und Massenvernichtung. Millionen von Toten. Wir müssen dieses fatale Motto so rasch wie möglich umkehren: »Wer Frieden will, muss den Frieden vorbereiten.« Abrüsten statt aufrüsten. Schon mit einem Bruchteil des Geldes, das für die Kriegsvorbereitungen ausgegeben wird, ist die weltweite solare Energiewende finanzierbar. Wir stecken noch immer in der alten Kriegsfalle.

Was fehlt uns noch? Wir Menschen können lernen und umkehren. Bereits 1972 erschien das viel diskutierte Buch *Die Grenzen des Wachstums* vom Club of Rome. Damals haben wir in »Report Baden-Baden« eine ganze Sondersendung für ein Millionenpublikum produziert. Und die Zeitungen berichteten über einen langen Zeitraum und ausführlich über dieses wichtige Thema. Das Buch war ein Bestseller und wurde in zahlreiche Sprachen übersetzt. Wir wissen also schon lange, dass auf dieser Erde alles Materielle begrenzt ist. Nichts und niemand wächst äußerlich unendlich. Nach dem äußeren Wachstum ist etwas ganz anderes angesagt: innere Reife, inneres Wachstum.

Wir können spirituell, geistig, kulturell oder auch religiös immer weiter reifen, aber niemals materiell unendlich wachsen. Unsere materiellen Ressourcen sind begrenzt, aber die Ideen unseres Geistes sind es nicht. Ideen können sich vermehren, auf diese Weise entstehen Fortschritt und Wohlstand. Und dennoch propagieren alle Regierungen der Welt äußeres ökonomisches Wachstum. Das einzige materielle Wesen, das unendlich wächst, ist der Krebs. Mit der Philosophie des ewigen Wachstums propagieren wir ganz offiziell eine Krebsgeschwür-Ökonomie. Und das weltweit. Doch diese kann tödlich sein.

Wie können wir aber in den Zeiten der Klimaerhitzung und der Umweltzerstörung geistig so wachsen, dass wir diese Herausforderungen – vielleicht – noch bestehen? Wie können wir reifen statt wachsen? Das ist wohl die Frage aller gegenwärtigen Fragen.

Die größte Lüge der Politik heißt: »Wir tun doch schon so viel.« In der schon erwähnten Fernsehsendung zeigten wir, dass die gesamte Menschheit 1993 um die 22 Milliarden Treibhausgase pro Jahr in die Atmosphäre blies – heute sind wir bei beinahe 40 Milliarden Tonnen pro Jahr angekommen, und das nach über 25 Weltklimakonferenzen mit jeweils Zehntausenden Teilnehmern. Wir tun doch schon so viel? Ja, aber exakt das Falsche!

Pro Tag emittieren wir heute global etwa 150 Millionen Tonnen CO_2, wir rotten jeden

Tag um die 150 Tier- und Pflanzenarten aus, verlieren täglich 50 000 Tonnen fruchtbaren Boden und vergrößern jeden Tag die Wüsten um etwa 80 000 Hektar. Unsere Gier nach Fleisch zerstört die Regenwälder. In Afrika erlebten 2019 Millionen von Menschen die fürchterlichste Dürre seit Menschengedenken, die Furcht vor der nächsten Hungerkatastrophe ist allgegenwärtig. Ein ganzer Subkontinent schreit nach Wasser. 2020 brennt halb Australien. Sind wir noch zu retten?

MIT DER NATUR WIRTSCHAFTEN, NICHT GEGEN SIE

Wir erleben ökologisch nicht nur Stillstand, sondern rasenden Rückschritt. Wir rasen auf den Abgrund zu, und die Politik feuert uns noch an: »Beschleunigt das Tempo! Das ist unsere einzige Rettung.« Also: Wachstum, Wachstum, Wachstum. Das ist total pervers. Wir zerstören unsere Erde, weil wir gegenwartsversessen und zukunftsvergessen sind. In unserem westlichen Kulturmodell gilt noch immer die Devise, dass immer größer auch immer besser bedeute. Das zeigt sich am Beispiel der immer größer werdenden und immer mehr gekauften SUVs. In unseren Städten fahren inzwischen unzählige dieser zweieinhalb Tonnen schweren, über fünf Meter langen und zwei Meter breiten Kampfwagen gegen das Weltklima, obwohl der Platz dort immer begrenzter wird. Und den Besitzern und Fahrerinnen geht es meistens um die Vergrößerung ihres Egos statt um Mobilität.

Die Zukunft ist uns mehrheitlich ziemlich schnuppe. Ich hatte kürzlich nach einem Vortrag über die Energiewende folgendes Erlebnis. Ein älterer Mann kam an den Büchertisch und meinte: »Ach, Herr Alt, das ist ja alles recht und gut mit Ihrer Solar- und Windenergie, aber wissen Sie, ich bin jetzt 75, für mich reicht's noch.« Ich fragte ihn: »Haben Sie Kinder?« Er senkte den Kopf, schwieg und ging.

»Nach uns die Sintflut« scheint für viele das Lebensmotto zu sein. Wir sind vielleicht die erste Generation, die ihren Kindern nicht mehr guten Gewissens sagen kann: »Wir lieben euch.« Viele Kinder müssten ihren Eltern antworten: »Das glauben wir nicht. Das ist geheuchelt. Ihr tut ja nur so. Wenn ihr uns wirklich lieben würdet, dann würdet ihr nicht unsere Zukunft verbrennen.«

Viele Kinder und Jugendliche beginnen uns zu durchschauen und sich gegen den Verbrennungswahn, gegen unsere Pyromanie zu wehren. Die rasche solare Energiewende ist zur Überlebensfrage der Menschheit geworden. Zum Glück stellen sich bereits 28000 Klimaforscher unter dem Namen »Scientists for Future« hinter die »Fridays for Future«-Bewegung. Aber auch »Parents for Future«, ja sogar »Grandparents for Future«, »Farmers for Future«, »Doctors for Future«, »Entrepreneurs for Future«, »Journalists for Future« und »Churches for Future« sind aktiv. Das ist ganz im Sinn des Dalai Lama. Und ganz im Geist der Papst-Enzyklika *Laudato si*. Die Welt braucht jetzt die Bewegung »Citizens for Future«.

Ohne Energie kann es in den heute noch armen Ländern keine ökonomische Entwicklung geben. Ohne Energie bleibt in den Entwicklungsländern nur die Flucht in die ökonomisch reichen Länder. Was würden wir denn tun, wenn wir in den armen Ländern leben würden und keine Perspektive für unsere Kinder sähen?

Die UNO prognostiziert bis zum Ende unseres Jahrhunderts mehr als vierhundert Millionen Klimaflüchtlinge. Sie fliehen natürlich dorthin, wo sie auch ökonomische Perspektiven sehen. Wir ernten jetzt, was wir gesät haben. Wir in den Industrieländern haben den Klimawandel verursacht, nicht die armen Länder. Die Armen sind die Opfer unseres Handelns. Und deshalb werden sie zu uns kommen, wenn wir die Klimaerhitzung nicht stoppen. Ein Mensch in Bangladesch oder in Afrika verbraucht vielleicht ein Zwanzigstel der Energie eines deutschen Menschen. (Der durchschnittliche US-Bürger emittiert pro Jahr achtzehn Tonnen Kohlendioxid, ein Deutscher neun Tonnen, ein Schwede viereinhalb und ein Mensch in Bangladesch oder Zentralafrika eine halbe Tonne.) Wir sind die Fluchtursache, nicht die Afrikaner, die zu uns kommen. Wohin sollten sie denn sonst, wenn nicht nach Europa?

Bisher kamen überwiegend Kriegsflüchtlinge zu uns. 2015 vor allem aus Syrien oder aus Afghanistan. Manche gehen nach den Kriegen wieder zurück, um ihre zerstörte Heimat aufzubauen, wie beispielsweise die Jugoslawien-Flüchtlinge nach den dortigen Kriegen in den Neunzigerjahren. In welche Heimat aber sollen die künftigen Klimaflüchtlinge zurückkehren?

Die Klimaerhitzung betrifft die ganze Welt, der Klimawandel ist – wie eingangs schon erwähnt – ein Weltkrieg gegen die Natur. Ein Problem, das wir wieder einmal verdrängen. Aber alles, was wir verdrängen, holt uns irgendwann ein. Millionen Klimaflüchtlinge werden künftig auch nach Deutschland drängen, wenn wir die Ursachen der Flucht, die Klimaerhitzung, nicht endlich und wirklich stoppen.

Ich schreibe diese Zeilen im ICE am 250. Geburtstag des deutschen Universalgelehrten Alexander von Humboldt, dem 14. September

2019. Seine Forschungs- und Entdeckungs-
reise nach Lateinamerika von 1799 bis 1804
brachte zahlreiche neue Erkenntnisse über Na-
turgesetze und über den Reichtum der Natur.
Nie zuvor hatten Berichte über die Tropen der-
art Aufmerksamkeit erregt, und das weltweit.
Viele deutsche Zeitungen nennen an diesem
14. September Alexander von Humboldt den
»ersten Umweltschützer der Welt«. Tatsächlich
schwärmte er geradezu von den »Wundern der
üppigen Urwälder« und deren Artenvielfalt; er
sei darüber »von Sinnen«, schrieb er begeistert.
Dieser großartige und stets neugierige Naturwis-
senschaftler wäre heute ebenfalls »von Sinnen«,
müsste er die unfassbare und widerliche Bru-
talität erleben, mit der diese »Wunder der Natur«
vernichtet werden – aus Gier und Dummheit.

Alexander von Humboldt hat die Welt als
Ganzes betrachtet. Heute, in Zeiten, in denen
die Ergebnisse von ganzheitlich denkenden
und forschenden Wissenschaftlern oftmals
dreist geleugnet werden, kann Humboldt als
vorbildlich gelten. Was für ihn ganzheitlich war,
nennt der Dalai Lama in diesem Buch
Interdependenz.

Humboldts Begeisterung für Blumen und
Blätter, für die Flüsse und Fliegen der tropi-
schen Regenwälder, gepaart mit wissenschaftlicher Akribie, ist das Gegenteil vom Geist
maximaler Ausbeutung und brutaler Gier. Die-

ser Ungeist lässt heute die Regenwälder brennen. Im Herbst 2019 brannte auf Sumatra so viel Wald, dass ganz Städte zu ersticken drohten, Tausende Schulen mussten schließen, die Brände setzten in fünf Wochen 360 Millionen Tonnen Kohlendioxid frei. Das Gletschereis schmilzt auf Grönland und in Alaska, in der Arktis und Antarktis, in den Alpen und im Himalaya. Die Permafrostböden in Sibirien tauen auf. Die Hälfte der Regenwälder, die die Lunge unseres Planeten sind, haben wir in den letzten Jahrzehnten bereits vernichtet. Mit den Urwäldern stirbt nicht nur die Idee einer beseelten Natur, in der alles mit allem zusammenhängt, sondern wir zerstören sogar unsere eigenen Lebensgrundlagen. Unsere Erde lebt nur noch mit einem Lungenflügel.

Der amtierende Präsident der USA leugnet die Erderhitzung, in Deutschland ist es eine ganze Partei, die AfD, obwohl alle Fachleute widersprechen. Alexander von Humboldt hat nie getrennt zwischen Wissen und Empfinden, zwischen Gefühl und Verstand, zwischen Mensch und Natur, zwischen Ökonomie und Ökologie. Er wusste, dass der Mensch vom Klima abhängig ist. Humboldts vernetztes Wissen war immer gepaart mit Verantwortungsbewusstsein für das Weltganze. Alexander von Humboldt verkörpert, schreibt Kia Vahland in der *Süddeutschen Zeitung*, einen

»tatkräftigen, wissensgetränkten Universalismus«, von dem wir heute lernen können und lernen müssen.

Die Klimaerhitzung und die möglich gewordene globale Klimakatastrophe sind im gesamten 21. Jahrhundert und wahrscheinlich weit darüber hinaus die größte und wichtigste Baustelle auf unserem Planeten. Die Klimaerhitzung betrifft alle Menschen in allen Ländern. Sie ist der größte und in der Menschheitsgeschichte wahrscheinlich erstmals gemeinsame Feind aller Menschen – diese Herausforderung könnte, ja muss uns vereinen im Kampf.

Es ist nicht pathetisch, sondern einfach wahr: Das Ende der menschlichen Zivilisation ist möglich geworden. Nur deshalb haben sich im Herbst 2019, zum weltweiten Klimastreik am 20. September, erstmals zweihundert internationale Medien zusammengeschlossen, um gemeinsam über diese globale Gefahr aufzuklären. Jetzt kann keiner mehr sagen, er habe nichts davon gewusst.

Der Dalai Lama schrieb am 20. September 2019: »Es ist gut, dass junge Menschen auf der ganzen Welt heute für ein gutes Klima demonstrieren. Sie zeigen damit einen realistischen Blick auf ihre eigene Zukunft. Wir Erwachsene sollten die jungen Menschen unterstützen.« Die Gegner von Greta Thunberg werfen ihr Sentimentalität und Irrationalität vor. Das Thema Klimaerhitzung ist natürlich stark emotional. Bei ihrer UNO-Rede hat Frau Thunberg auch Tränen, Wut und Verzweiflung eingesetzt. Freilich werden sich diese Mittel auf Dauer abnutzen. Aber Greta Thunberg hat – im Gegensatz zu ihren Kritikern – die Wissenschaft, die Ratio, auf ihrer Seite; ihre Gegner argumentieren weit weniger rational als sie selbst.

TATEN SIND DER WAHRHEITSBEWEIS

Transformation ist möglich – es gibt immer Alternativen, das haben wir in diesem Buch bereits festgestellt. Was wir tun, können wir auch lassen. »Ich kann ja doch nichts ändern« ist die fatalste und fatalistischste Ausrede, die Menschen je eingefallen ist. Zugleich ist diese Ausrede die weltweit am häufigsten gebrauchte. Noch mal: Jeder Mensch ist von Natur aus zur Transformation fähig. Das ist der Sinn unseres Hierseins. Alle Probleme, die von Menschen verursacht wurden, können auch von Menschen gelöst werden.

* Frieden ist möglich
* Liebe ist möglich
* Gerechtigkeit ist möglich
* Mitgefühl ist möglich
* Klimaschutz ist möglich

* nachhaltiges Wirtschaften ist möglich
* eine bessere Welt ist möglich

Schönen Worten müssen freilich entsprechende Taten folgen. Nur Taten sind der Wahrheitsbeweis unserer Worte. Dann werden aus Utopien konkrete und realisierbare Visionen.

Die Gier nach Geld entsteht aus Nichtwissen, sagen Buddha und Jesus. Diese Gier ist folglich irrational. Keine Geldsumme, kein Aktienkurs, kein Sozialprodukt, kein Vermögen ist jemals hoch genug, um unsere Gier zu befriedigen und dieses irrationale Bestreben zu beenden. Die Menschen der reichen Industriestaaten sind nicht glücklicher als früher, als ihr Wohlstand noch nicht so enorm war.

Das einzige Gegengift zu Geld und Gier ist das Mitgefühl, lehrt uns der Buddhismus, aber auch das ursprüngliche Christentum, solange es noch ein Jesustum war. Beiden Religionen ist im Ursprung der Dogmatismus fremd, sie sind dem Pragmatismus und der Wissenschaft verpflichtet. Wenn die Wissenschaft beweist, dass sich die Schriften irren, muss man die Schriften ändern, auch und vor allem die sogenannten Heiligen Schriften.

Die besten Dramen der Weltliteratur, auch die Märchen, sind durchdrungen von der Idee der Wandlungsfähigkeit des Menschen: *Die göttliche Komödie* von Dante, Goethes *Faust*, die

Odyssee, das Gilgamesch-Epos, *Parzival*, die Bergpredigt, Platons Höhlengleichnis oder auch Mozarts *Zauberflöte*. Die moderne Psychologie des 20. Jahrhunderts mit Sigmund Freud und Carl Gustav Jung hat uns ebenso wie die noch jungen Neurowissenschaften des 21. Jahrhunderts erkennen lassen, dass Menschen grundsätzlich in der Lage sind, sich zu ändern und zu wandeln. C. G. Jung nennt diese Prozesse der Wandlung »Individuation« oder »Selbstwerdung«. Ein Individuationsprozess bedeutet demnach die »Anima-Integration« des Mannes, der seine weiblichen Seelenanteile zu integrieren versucht, und die »Animus-Integration« der Frau, die ihre männlichen Seelenanteile integriert. Das »Selbst« oder die »Selbstwerdung« stehen bei Jung für die »Einheit und Ganzheit der Gesamtpersönlichkeit«.

Wandlung – oder religiös gesprochen »Umkehr« – ist immer und grundsätzlich möglich. Menschen können lernen, wenn sie es nur wollen. Unser Wille ist zwar oft blind, aber blöd ist er nicht. Wir können unseren Willen trainieren wie einen Muskel. Nur deshalb ist im Lauf der Geschichte scheinbar Unmögliches immer wieder möglich geworden: die Abschaffung der Sklaverei und der Kinderarbeit, die Emanzipation der Frau, die Trennung von Staat und Kirche, die rechtliche Verankerung der Menschenrechte und die Demokratie.

ZEHN GEBOTE FÜR DAS KLIMA

1. Bis spätestens 2035 müssen die Treibhaus-
    gas-Emissionen auf null zurückgefahren
    werden. Die effektivste Art, das Klima zu
    schützen, ist der rasche Ausstieg aus der
    Kohlekraft. Die Slowakei will bis 2030 aus
    der Kohle aussteigen, Griechenland bis
    2028 und England – eigentlich ein »klassi-
    sches Kohleland« – bereits bis 2025. Warum
    will Deutschland erst 2038 aussteigen?

2. Alles, was neu gebaut wird, muss emissi-
    onsfrei sein. Zum Beispiel durch mehr
    Holzbauten. Aluminium als Baustoff ist
    128-mal so klimabelastend wie Holz. Immer
    mehr Europäer bauen schon heute mit Holz.

3. Ab sofort darf der Bau von Kraftwerken
    nur dann zugelassen werden, wenn diese
    erneuerbare Energien nutzen. Die heuti-
    gen Milliarden-Subventionen für Treib-
    haus-Dreckschleudern streichen.

4. Ab 2025 dürfen nur noch E-Autos oder Au-
    tos mit anderen CO_2-freien Motoren neu
    zugelassen werden. Dass das geht, hat Ka-
    lifornien schon in den Neunzigerjahren
    bewiesen, indem es Quoten für E-Autos
    einführte. China, der größte Automarkt

der Welt, führt solche Quoten ab 2019 ein. Jetzt müssen alle anderen folgen.

5. Wir müssen den öffentlichen Verkehr stark ausbauen. Mehr Skype-Konferenzen statt persönlicher Treffen. Und wir dürfen weniger Fläche für Häuser, Straßen und Industrie zubauen, sondern müssen höher bauen und intelligenter verdichten. Ökologisch bauen heißt nicht neu bauen, sondern primär sanieren und renovieren. Neue Industrieanlagen sollten ab 2025 frei von CO_2-Emissionen sein. Ein Zeitplan, ab wann nur noch emissionsfreie Technologien verkauft werden dürfen, wird global die notwendigen Innovationen antreiben.

6. Etwa 25 Prozent der jährlichen Treibhausgas-Emissionen sind auf die Produktion von Lebensmitteln zurückzuführen, besonders auf Fleischprodukte. Haben Sie bisher bedacht, dass die Produktion einer Rindfleischsuppe zehnmal so viele Treibhausgase erzeugt wie eine Gemüsesuppe? Schmeckt die Fleischsuppe wirklich zehnmal so gut wie eine Gemüsesuppe? Deshalb sollten alle die Regeln der Deutschen Gesellschaft für Ernährung (DGE) beachten. Diese schlägt vor, den Fleischkonsum zunächst zu halbieren und dann zu dritteln.

Dies hilft, Übergewicht und Bluthochdruck vorzubeugen, verlangsamt den Klimawandel und senkt die Stickstoffbelastung des Grundwassers.

Der Klimawandel muss auch als medizinischer Notfall verstanden werden. Der Zusammenhang zwischen der Klimakrise und unserer Gesundheit ist bisher viel zu wenig beachtet worden. Die Klimaerhitzung ist die größte Bedrohung unserer Gesundheit im 21. Jahrhundert, so der Weltärztebund. Klimaerhitzung ist tödlich. Oder umgekehrt: Klimaschutz fördert die Gesundheit. Wenn wir mehr Rad fahren oder zu Fuß gehen, schonen wir nicht nur die Umwelt, sondern gleichzeitig gehen die Herz-Kreislauf-Krankheiten, Diabetes und Übergewicht zurück. Wenn wir weniger Kohle verfeuern, gibt es weniger Feinstaub und weniger Lungenkranke.

Im Gegensatz zu anderen Religionen kommt im Buddhismus uns Menschen kein höheres Lebensrecht zu als anderen Lebewesen. Ein buddhistischer Mönch würde nie wie der christliche Mönch Thomas von Aquin im Mittelalter sagen: »Tiere haben keine Seele.« Auch Jesus hätte so etwas nie gesagt. Er warb für Mitgefühl für alle Geschöpfe. In seinen Gleichnissen im Neuen Testament habe ich sechzehn Tierarten gefunden.

7. Wir müssen weltweit aufforsten und die Wüsten begrünen, wie es die Kinder- und Jugendorganisation »Plant for the Planet« seit vielen Jahren vorbildlich tut. Sie hat bereits vierzehn Milliarden Bäume gepflanzt. Ihr Ziel sind tausend Milliarden Bäume. Junge Bäumchen helfen nicht von heute auf morgen. Aber wenigstens keimt etwas. Pakistan – das wohlgemerkt nicht zu den reichen Industrienationen zählt – hat angekündigt, bis 2030 zehn Milliarden Bäume zu pflanzen. Warum kündigt das deutsche Landwirtschaftsministerium an, lediglich hundert Millionen Bäumepflanzen zu wollen? Der Dritte-Welt-Staat Äthiopien hält den Weltrekord beim Bäumepflanzen: Im Sommer 2019 wurden innerhalb von gerade einmal zwölf Stunden über 350 Millionen junge Bäume gepflanzt!

8. Wir dürfen nur noch Politiker wählen, die auch wirklich unsere Interessen vertreten und nicht die Interessen der alten fossil-atomaren Energiewirtschaft oder der rückständigen Autowirtschaft. Demokratie statt Autokratie und Sonne statt Atom und Kohle.

9. Solare Entwicklung in armen Ländern ist die beste Vorsorge gegen ungebremstes Bevölkerungswachstum.

10. Wir alle können weniger kaufen und weg-
    werfen, mehr Fahrrad fahren und laufen,
    grüner feiern, zu Ökostrom wechseln, Geld
    grün und fair anlegen. Wir sollten endlich
    tun, was wir für richtig halten. Einfacher
    leben, damit andere einfach überleben.
    Mehr denken und Widerstand leisten ge-
    gen Dummheit und Kurzsichtigkeit. Wir
    können uns selber vom Überfluss befreien.

BESSER WÄHLEN

Diese Gebote zu realisieren, erfordert eine große Anstrengung. Aber am Ende haben wir eine
lebenswertere und bessere Welt für alle. Die
Frucht von Klimagerechtigkeit ist der Frieden.

Die notwendige Überwindung eines materialistischen Weltbildes braucht eine positive
Vision, die attraktiver ist als unser altes Welt-
bild. Die Weltrevolution des Mitgefühls, die
der Dalai Lama hier vorschlägt, kann dabei
eine große, vielleicht sogar die entscheidende
Hilfe sein. Die Zeit scheint gerade jetzt dafür
reif zu sein. Große Teile der jungen Generation,
aber auch zunehmend die Älteren scheinen
dafür offen.

Ein Einzelner oder eine Einzelne kann
nichts tun? Wenn jede und jeder vor seiner
eigenen Haustür kehrt, wird die ganze Welt

sauber. »Unsere Zukunft hängt davon ab, was wir heute tun« (Mahatma Gandhi). Wer hindert uns daran, wenn nicht wir selber? Eine bessere Welt beginnt beim einzelnen Menschen.

Wenn wir nicht lernen, dass die Gesundheit des Waldes unsere eigene Gesundheit ist, droht die Gefahr, dass wir verschwinden. Vielleicht brauchen wir Menschen ein Baumbewusstsein. Der Autor Richard Powers meint, wir müssen sehr rasch unsere Blindheit gegenüber unserer angeblichen »Sonderstellung als Mensch« ablegen. Helfen könnte uns ein »Pflanzenbewusstsein«. Diese Begriffe kommen dem buddhistischen ganzheitlichen Denken des Dalai Lama und seiner Botschaft einer »Revolution des Mitgefühls« oder auch der Ethik Albert Schweitzers von der »Ehrfurcht vor allem Leben« recht nahe. Wer seine Augen offen hält, kann die drohende Katastrophe nicht länger leugnen. Wie viel sind wir bereit zu tun, um die Apokalypse aufzuhalten? Wer für ein Problem verantwortlich ist, so die wohl wichtigste These dieses Buches, kann auch Abhilfe schaffen. Als Menschheitsfamilie haben wir ein gemeinsames Schicksal. Sorgen wir also dafür, dass es nicht zu heiß wird.

Wir entscheiden, ob wir ressourcenschonend bauen oder ressourcenvernichtend, ob wir uns umweltbewusst fortbewegen oder klimazerstörend, ob wir uns ressourcenvernichtend ernähren oder aus biologischer Landwirtschaft, ob wir Öko-Energie nutzen oder fossil-atomar erzeugte. Der Wandel, den wir für eine gute Zukunft für alle brauchen, hat bei Millionen Vorbildern bereits stattgefunden. Dieser Wandel ist kein Wunschtraum, sondern schon oft Realität.

Dieses Buch will Anstöße zum Handeln geben. Zum politischen Handeln wie zum privaten, persönlichen Handeln, zur freien Stimmabgabe für Umwelt und Klima, also für unsere Lebensgrundlagen. Bis in die Wahlkabine hinein reicht unsere politische Verantwortung in der Demokratie. Der Dalai Lama sagt am Anfang dieses Buches, er würde in Europa die Grünen wählen. Auch ich bin davon überzeugt, dass Deutschland ohne die Grünen in der Bundesregierung seine Klimaschutzziele 2030 so krachend verfehlen wird, wie dies schon 2020 der Fall war. Ich sage das als jemand, der 28 Jahre CDU-Mitglied war. Die alten Volksparteien hängen noch immer zu sehr in den Strukturen und im Denken der alten Energie- und Autokonzerne fest.

Die technischen Voraussetzungen für die Überwindung des fossil-atomaren Zeitalters sind alle gegeben. Wir haben überhaupt keine Erkenntnisprobleme, wir haben lediglich Umsetzungsprobleme. Deutschland hat mit seinem technologischen Vorsprung bei erneuerbaren Energien keinen Grund zur Angst vor den anstehenden Veränderungen durch eine hundertprozentige Energiewende. Im Gegenteil: Die heutige Ressourcenkrise bietet uns eine riesige Chance. Mit den alternativen Energie-Technologien.

Es liegt jetzt ausschließlich an uns selbst, dem Einstieg ins Solarzeitalter zum Durchbruch zu verhelfen. Damit unsere Kinder und Enkel selbstbewusst, zukunftsfreudig und glücklich in ihre Zukunft blicken können. Wir sollten einmal sagen können: Kinder, das ist eure Welt, wir haben dazu beigetragen, dass auch auf euch ein schönes Leben wartet.

Wir Erwachsene müssen jetzt in die »Schule der Kinder« gehen. Vielleicht werden wir dann doch noch erwachsen. Es ist hohe Zeit, dass sich alle, die sich für erwachsen halten, an dem Realismus der Fridays-for-Future-Bewegung orientieren. Das heißt: selbst Verantwortung übernehmen, selbst streiken, selbst politisch werden, lernen, sich selbst ernst zu nehmen, und aufhören, kindisch zu sein, kurzum: als Erwachsene endlich erwachsen werden. Schluss mit den Illusionen des ewigen Wachstums. Wachstum um des Wachstums willen ist ein leeres Ziel. Die ökosoziale Marktwirtschaft strebt nach Nachhaltigkeit und Lebensqualität für alle. Solche Fragen stellen sich wirklich: Was ist wichtiger, gesunde und ausreichende Ernährung für alle oder noch mehr Autos, zusätzliche Mobiltelefone und interkontinentale Flugreisen? Es ist Zeit, sich den Realitäten zu stellen.

SIND WIR NOCH ZU RETTEN?

Der Dalai Lama schlägt vor, dass sich Klimapolitik an der Wissenschaft orientiert, so wie es die Fridays-for-Future-Bewegung tut. Die Jungen haben nichts zu verlieren außer ihrer Zukunft. Und was bitte ist wichtiger als die Zukunft unserer Kinder und Enkel?

Sind wir noch zu retten? Ja, noch sind wir zu retten! Noch!

Unsere Zukunft ist kein blindes Schicksal. Die Zukunft ist das, was wir heute aus ihr machen. Die effektivste Art, die Zukunft vorherzusagen, ist, sie zu gestalten. Nach meiner Lebenserfahrung ist die ökosoziale Marktwirtschaft das effektivste System, in dem Milliarden Menschen ihre Träume von einer besseren Welt verwirklichen können. Für diese neue globale ökosoziale Marktwirtschaft haben das Pariser Klimaabkommen von 2015 sowie die Millenniumsziele der UNO bereits den Grundstein gelegt. Als Realist und Journalist weiß ich natürlich, dass zwischen dem Formulieren schöner Ziele und deren Umsetzung ein großer

Unterschied besteht. Wirkliche Evolution heißt Wandel, Veränderung, Transformation, Umkehr und Zukunft. Also Arbeit. Zukunft ist Zukunftsarbeit. Und das alles muss schön, ästhetisch, attraktiv und nicht abschreckend sein.

Den letzten Generalstreik in Deutschland gab es am 12. November 1948. »Es handelt sich um euer Lebensinteresse. Reiht euch ein«, stand auf den Plakaten der Gewerkschaften. Dieser Generalstreik war der Startschuss für die soziale Marktwirtschaft in Deutschland, die zwischen den Jahren 1950 und 1980 »Wohlstand für alle« versprach und dieses Versprechen erstaunlich gut einlöste. Die Väter und Mütter der sozialen Marktwirtschaft in Deutschland waren nach dem Zweiten Weltkrieg mutig und zukunftsorientiert, und letztlich war dieser historische Streik die Basis des deutschen Wirtschaftswunders. Denn kurz darauf stärkten Ludwig Erhard und seine Verwaltung die Sozialversicherungen und beschlossen Preisregulierungen.

Der globale Klimastreik am 20. September 2019 könnte der Startschuss für die weltweite sozialökologische Marktwirtschaft sein. In 163 Ländern demonstrierten über vier Millionen Menschen. Sie haben nicht nur Geschichte geschrieben. Sie haben auch – vielleicht noch wichtiger – auf ihre Plakate geschrieben: »Wir kommen wieder.«

Bei diesem ersten weltweiten Streik der Menschheitsgeschichte ging es um nicht weniger als um die Rettung der Welt. Ebenfalls am 20. September 2019 beschloss das Bundeskabinett Klimaschutzmaßnahmen – wenn auch nur minimale –, und drei Tage danach tagten die Vereinten Nationen zum Thema Klimaschutz. Ein solches Wochenende hat es noch nie gegeben. Die Welt ist aufgestanden. Das Thema ist endlich dort angekommen, wo es hingehört: im Zentrum der Weltpolitik. Millionen Jugendliche sind auf der Straße, und die Mächtigen sind unter Druck, in Australien und Indien, in Deutschland und Frankreich, in den USA und in Bolivien, in Kenia, Bangladesch und in Südafrika.

Die größten, nachhaltigsten und überzeugendsten Vorbilder der letzten zweieinhalb Jahrtausende waren Buddha und Jesus. Bisher haben wir aber zu wenig von ihnen gelernt. Sonst würden wir weder atomar aufrüsten noch Kriege führen noch die Umwelt zerstören. Wer hindert uns daran, jetzt endlich in ihrer Schule zu lernen, wenn nicht wir selbst? Die alles entscheidende Jesus-Frage an jeden von uns heißt: Wem vertraust du, Geld oder Gott? Gier oder Liebe? Sein Grundsatzprogramm ist die Bergpredigt. Und Buddhas Grundsatzprogramm heißt Mitgefühl mit allem Leben. Er lehrt es im »Achtfachen Pfad«. Der heute beinahe weltweit vorherrschende ungehemmte Neo-Liberalismus hat sich praktisch zu einer Diktatur des internationalen Finanzkapitals entwickelt. Der Dalai Lama sagt dazu: Geld ist ein wichtiges Tauschmittel, aber »es ist falsch, das Geld als einen Gott oder eine Substanz mit einer eigenen Macht zu betrachten«.

Der 20. September 2019 kann ein Wendepunkt in der Menschheitsgeschichte werden, wenigstens der Beginn einer Umkehr. Klimaschutz, Klimagerechtigkeit und Solidarität bekommen einen neuen Klang. Alles Illusion? Wer hätte 2018 vorherzusagen gewagt, dass ein schwedischer Teenager die Agenda der Weltpolitik neu inspiriert?

DANK

Beim Zustandekommen dieses Buches waren das Office of His Holiness the Dalai Lama in Dharamsala, Indien und die Gaden Phodrang Foundation of the Dalai Lama in Zürich, Schweiz sehr hilfreich. Ich sage den Mitarbeitenden herzlichen Dank. Ich bin sehr dankbar dafür, dass ich über fünfunddreißig Jahre in meinem Sender, dem SWR, über Umweltthemen aufklären durfte, aber auch auf Arte, 3sat und den anderen Dritten Programmen. Diese Aufklärung musste oft gegen den Willen der ARD-Obrigkeiten durchgeboxt werden. Heute greifen mehr Kollegen als früher diese Überlebensthemen auf, zum Beispiel Volker Angres, Harald Lesch oder Sven Plöger.

Bigi Alt, die die beiden Männer 1982 zum ersten Mal zusammenführte, der Dalai Lama und Franz Alt. Bigi Alt drehte 1981 heimlich und ohne chinesische Aufpasser einen Fernsehfilm in Tibet, den Franz Alt mehrfach in der ARD und in ausländischen Fernsehstationen zeigte. Durch diesen Film wurden der Dalai Lama und die Familie Alt Freunde fürs Leben.

Mehr Informationen finden Sie auf www.dalailama.com oder www.sonnenseite.com.

LITERATUR

Dalai Lama und Franz Alt, *Ethik ist wichtiger als Religion. Der Appell des Dalai Lama an die Welt*, Salzburg 2015.

Franz Alt und Helfried Weyer (Fotos), *Unsere einzige Erde. Eine Liebeserklärung an die Zukunft*, Ostfildern 2019.

Dies., *Tibet. Weites Land zwischen Himmel und Erde*, Steinfurt 2005.

Franz Alt, *Lust auf Zukunft. Wie unsere Gesellschaft die Wende schafft*, Gütersloh 2018.

Ders., *Der ökologische Jesus. Vertrauen in die Schöpfung*, München 2003.

Ders., *Die Sonne schickt uns keine Rechnung. Neue Energie, neue Arbeit, neue Mobilität*, München 2012.

Ders., *Die ALT-ernative. Plädoyer für die sonnige Zukunft*, Hamburg 2019.

Ders., *Wenn Leben gelingt. Eine Anleitung zum Glücklichsein*, München 2016.

Richard Cohen, *Die Sonne. Der Stern, um den sich alles dreht*, Hamburg 2012.

Dalai Lama und Sofia Stril-Rever, *Die Berge sind so kahl geworden wie der Kopf eines Mönchs*, Freiburg/München 2016.

Dies., *Seid Rebellen des Friedens. Der neue Appell des Dalai Lama an die Welt*, Salzburg/München 2018.

Dalai Lama, *Der Mensch der Zukunft. Meine Vision*, München 1998.

Ders., *Das Buch der Freiheit. Die Autobiografie des Friedensnobelpreisträgers*, Bergisch Gladbach 1993.

Ders., *Der Weg zum Glück. Sinn im Leben finden*, Freiburg / München 2015.

Ders., *Rückkehr zur Menschlichkeit. Neue Werte in einer globalisierten Welt*, Köln 2011.

Ders., *Einführung in den Buddhismus. Die Harvard-Vorlesungen*, Freiburg / München 2015.

Christian Felber, *This is not economy. Aufruf zur Revolution der Wirtschaftswissenschaft*, München 2019.

Hans-Peter Dürr, *Es gibt keine Materie. Revolutionäre Gedanken zwischen Physik und Mystik*, Amerang 2012.

Dennis Meadows, *Die Grenzen des Wachstums. Bericht des Club of Rome zur Lage der Menschheit*, Stuttgart 1972.

Rupert Neudeck, *In uns allen steckt ein Flüchtling. Ein Vermächtnis*, München 2016.

Papst Franziskus, *Laudato si. Die Umweltenzyklika des Papstes*, Freiburg / München 2015.

Der Dalai Lama und Franz Alt mit ihrem internationalen Bestseller *Ethik ist wichtiger als Religion,* dem ersten Band in der Appell-Reihe. Dieses Buch ist inzwischen in 22 Sprachen erschienen.

ZU DEN AUTOREN

Seine Heiligkeit der 14. Dalai Lama wurde 1935 in Taktser im Nordosten Tibets geboren. Nach der Besetzung Tibets durch China im Jahr 1959 floh er nach Indien, von wo aus er sich seitdem für eine einvernehmliche Autonomie-Lösung für seine Heimat einsetzt. 1989 wurde er mit dem Friedensnobelpreis geehrt. Bei Benevento sind zuletzt seine SPIEGEL-Bestseller *Seid Rebellen des Friedens* (2018) und *Ethik ist wichtiger als Religion* (2015) erschienen.

Franz Alt, geboren 1938, ist seit vielen Jahren als Journalist und Buchautor tätig, seine Bücher erreichten eine Millionenauflage und wurden in mehr als 20 Sprachen übersetzt. Ihn und den Dalai Lama verbindet eine langjährige Freundschaft.